# 비버챌린지 II: 비버챌린지로 배우는 정보과학(고등학생용) 정오표

기준 판권 : 2019년 11월 18일 초판 발행

"비버챌린지 II: 비버챌린지로 배우는 정보과학(고등학생용)"을 구입해 주셔서 감사드립니다. 편집과정에서 미처 수정하지 못한 오타 등의 잘못을 바로잡습니다. 미리 발견하여서 수정하지 못한 점 깊이 사과드립니다.

| 위치 | 수정 전 | 수정 후 |
|---|---|---|
| 39p | 다음 〈그림 : 문제 해결의 실마리〉에서 | 앞서 〈그림 : 문제 해결의 실마리〉에서 |
| 43p | 다음과 같은 신호를 보낼 때도 문제가 발생합니다. '위로 – 아래로'의 의미가 될 수 있지만, '오른쪽으로 – 아래로 – 오른쪽으로'의 의미도 될 수 있기 때문입니다. 따라서 A는 좋은 신호가 아닙니다. | [삭제] |
| 108p | ② 알고리즘 설계: 글, 도형, 흐름선 등 구체적인 문제 해결 방안을 단계별로 나열<br>③ 자동화: 문제의 해결책, 즉 알고리즘 설계를 사람이 아닌 컴퓨팅 시스템 스스로 수행할 수 있도록 프로그래밍하는 과정 | ② 알고리즘 설계: 글, 도형, 흐름선 등을 이용하여 구체적인 문제 해결 방안을 단계별로 나열<br>③ 자동화: 문제의 해결책, 즉 알고리즘을 사람이 아닌 컴퓨팅 시스템 스스로 수행할 수 있도록 프로그래밍하는 과정 |

172p

| 스위치 번호 | 1번 | 2번 | 3번 | 4번 | 5번 | 6번 | 7번 |
|---|---|---|---|---|---|---|---|
| 스위치 상태 | 1 | 1 | 1 | 1 | 1 | 1 | 1 |

| 스위치 번호 | 1번 | 2번 | 3번 | 4번 | 5번 | 6번 | 7번 |
|---|---|---|---|---|---|---|---|
| 스위치 상태 | 1 | 1 | 1 | 0 | 0 | 0 | 1 |

## 강의용 교안 제공 [교사회원 전용]

생능출판사 홈페이지(https://booksr.co.kr/)에서 회원가입 후 '비버챌린지2'로 검색하면 [강의자료]에서 강의용 교안 PPT 파일을 다운로드하여 사용할 수 있습니다.

함께 즐기는 컴퓨팅 사고와 정보과학

# 비버챌린지 II

## 비버챌린지로 배우는 정보과학

한국비버챌린지(Bebras Korea) 지음

고등학생용

생능출판

집필진

정웅열(백신중학교)
김지혜(충북고등학교)
전용주(안동대학교)
전수진(호서대학교)
강성훈(천안오성고등학교)
서성원(마포고등학교)
설이태(서강고등학교)
이민혁(영동고등학교)
최웅선(수원하이텍고등학교)

검토진

김동윤(아주대학교)
김인주(대전동광초등학교)
김재현(성균관대학교)
정인기(춘천교육대학교)
예홍진(아주대학교)

# 비버챌린지 II: 비버챌린지로 배우는 정보과학(고등학생용)

초판 인쇄    2019년 10월 11일
초판 발행    2019년 10월 18일

지 은 이    한국비버챌린지(Bebras Korea)
펴 낸 이    김승기
펴 낸 곳    (주)생능출판사 / 주소 경기도 파주시 광인사길 143
출 판 사    등록일 2005년 1월 21일 / 신고번호 제406-2005-000002호
대표전화    (031)955-0761 / 팩스 (031)955-0768
홈페이지    www.booksr.co.kr

책임편집    유제훈 / **편집**    신성민, 김민보, 권소정
디 자 인    유준범(표지디자인) / 디자인86(본문디자인)
마 케 팅    최복락, 김민수, 심수경, 차종필, 백수정, 최태웅, 김범용
인쇄/제본    영신사

I S B N    978-89-7050-991-4
정가        15,000원

• 이 도서의 국립중앙도서관 출판예정도서목록(CIP)은 서지정보유통지원시스템 홈페이지(http://seoji.nl.go.kr)와
  국가자료공동목록시스템(http://www.nl.go.kr/kolisnet)에서 이용하실 수 있습니다.
  (CIP제어번호: CIP2019040354)

# 머리말

안녕하십니까?

비버챌린지는 현재 세계 70여 개국에서 시행되고 있는 최고의 컴퓨팅 사고력 챌린지입니다. 한국비버챌린지(Bebras Korea)는 2016년 국제비버챌린지워크숍에 처음 참가하였고 2017년 비버챌린지의 공식 회원국이 됨에 따라 비버챌린지 문제 출제 및 선정, 영문 번역 및 국제비버챌린지 문제 제출, 워크숍 참석, 비버챌린지 문제 수정 및 선정, 참가 신청 접수 및 챌린지 시행 등 본격적인 운영을 시작하였습니다. 이에 비버챌리지 2018에는 32,995명의 학생들이 참가하는 등 컴퓨팅 사고력 중심의 정보 교육 문화를 만들어가고 있습니다.

비버챌린지가 지향하는 목표는 우리나라의 정보(SW) 교육이 지향하는 컴퓨팅 사고력, 정보문화소양, 협력적 문제해결력 함양과 같은 맥락에 있으며, 그 내용 또한 정보교육에 관한 흥미 유발, 개념 형성 및 적용 등이 가능하다는 점에서 지도 교사 및 학생의 뜨거운 반응을 일으켰습니다. 또한 단순한 이벤트를 넘어서 정보 교육의 교수·학습 및 평가에 관한 양질의 콘텐츠로서의 가능성을 확인할 수 있었습니다.

그간 한국비버챌린지에서는 초·중등 정보(SW) 교육 현장을 실제적으로 지원하기 위한 목적으로 비버챌린지 문제를 정보 수업의 학습문제, 학습활동, 학습평가로 연계시킬 수 있는 방안을 제시하기 위해 30여 편의 연구를 수행하였으며, 그 결과를 바탕으로 하여 본 교재를 출간하기에 이르렀습니다. 이 작업을 위해

수십 명의 교수님, 선생님이 봉사와 헌신의 마음으로 서로의 지혜와 지식을 한데 모았습니다. 이 지면을 통하여 수고하여주신 모든 분에게 진심 어린 감사를 드립니다.

지금은 작은 시작에 불과하지만 비버챌린지를 통한 컴퓨팅 사고력 중심의 정보(SW) 교육이 확산되고, 온 국민이 정보(SW) 교육의 가치를 이해하는 그날까지 한국비버챌린지의 노력은 계속될 것입니다. 우리나라가 세계를 선도하는 컴퓨팅 사고력 강국이 되기를 기원하며 비버챌린지Ⅱ를 여러분께 바칩니다.

저자 일동

# 이 책의 활용 방법

**1단계** **생각열기**
실생활의 사례와 함께 학습 내용과
목표를 확인합니다.

**2단계** **학습내용 이해하기**
정보과학(SW)의 기본 개념과
원리에 대해 학습합니다.

**3단계** **도전! 비버챌린지**
학습내용을 바탕으로
비버챌린지 문제 해결에 도전합니다.

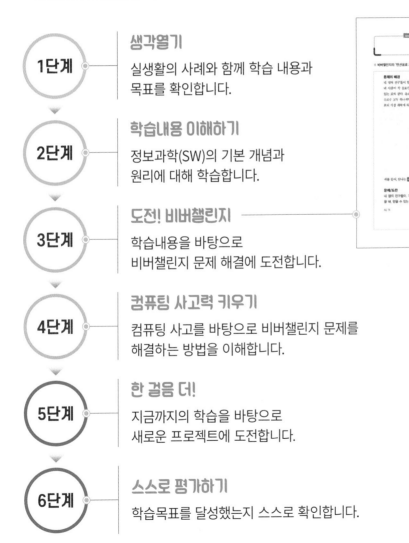

**4단계** **컴퓨팅 사고력 키우기**
컴퓨팅 사고를 바탕으로 비버챌린지 문제를
해결하는 방법을 이해합니다.

**5단계** **한 걸음 더!**
지금까지의 학습을 바탕으로
새로운 프로젝트에 도전합니다.

**6단계** **스스로 평가하기**
학습목표를 달성했는지 스스로 확인합니다.

# 목차

## 프로그램과 교사용 지도서 제공 안내

① **프로그램 활용하기**

　생능출판사 홈페이지(https://booksr.co.kr/)에서 '비버챌린지2'로 검색하면 [보조자료]에서 소스 코드 파일을 다운로드하여 사용할 수 있습니다.

② **교사용 지도서 활용하기[교사회원 전용]**

　생능출판사 홈페이지(https://booksr.co.kr/)에서 회원가입 후 '비버챌린지2'로 검색하면 [보조자료]에서 교사용 지도서 PDF 파일을 다운로드하여 사용할 수 있습니다.

# 1장

## 카드 뒤집기

**학습내용** 조건문, 반복문

**학습목표** – if~else 문의 사용법을 알고 프로그램을 작성할 수 있다.

– while 문의 사용법을 알고 프로그램을 작성할 수 있다.

– 중첩 for 문의 사용법을 알고 프로그램을 작성할 수 있다.

# 1장

## 카드 뒤집기

# 생각열기

자율주행 자동차는 어떻게 스스로 주행할 수 있을까요? 복잡한 도로에서 어떻게 실시간 교통 상황에 반응하여 움직일 수 있을까요?

⌃ 자율주행 자동차는 어떻게 움직일까?

자율주행 자동차는 GPS로부터 수신된 교통 정보와 자동차 내외부의 센서로부터 수집한 정보를 이용하여 어떻게 주행해야 할지를 반복적으로 판단하기 때문에 실시간 교통 상황에 반응하여 주행할 수 있습니다. 그렇다면, 이렇게 반복적인 판단을 바탕으로 하는 소프트웨어를 만들기 위해서는 어떻게 해야 할까요?

이번 챕터에서는 비버챌린지의 '카드 뒤집기'를 통해 문제에 제시된 규칙을 반복적으로 적용하는 자동화 프로그램을 작성하는 방법을 학습해 보겠습니다.

GPS(Global Positioning System): GPS 위성에서 보내는 신호를 수신해 사용자의 현재 위치를 계산하는 위성항법 시스템이다.

알고리즘: 대수학의 아버지로 불리는 고대 페르시아의 수학자 알콰리즈미의 이름에서 유래되었다.

문제 해결의 방법과 절차를 뜻하는 알고리즘(algorithm)은 순차, 선택, 반복의 세 가지 구조를 바탕으로 설계할 수 있습니다. 순차구조는 시간의 순서에 따라 실행되는 구조이고, 선택 구조는 조건에 따라 서로 다른 명령을 실행하는 구조이며, 반복구조는 조건을 만족하는 동안 특정 동작을 계속해서 실행하는 구조입니다.

• if 문, for 문, while 문과 같이 프로그램의 흐름을 제어하는 명령문을 제어문이라고 한다.

알고리즘의 구조는 프로그래밍 언어의 명령문으로 표현할 수 있으며, 이 중 대표적인 것이 if~else, for, while입니다. 먼저, if~else 문은 조건을 만족하는 경우 if 다음 부분이 실행되고, 만족하지 않을 경우 else 이후 부분이 실행됩니다. 여러 가지 조건을 함께 고려해야 할 경우에는 if 문을 중첩하여 사용할 수 있습니다.

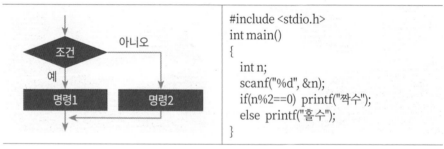

```
#include <stdio.h>
int main()
{
    int n;
    scanf("%d", &n);
    if(n%2==0) printf("짝수");
    else printf("홀수");
}
```

≫ 표1 – if~else 문의 순서도 및 코드 예시

for는 반복 구조를 표현하는 명령문으로 초깃값, 반복조건, 증감식을 포함하여 사용합니다.

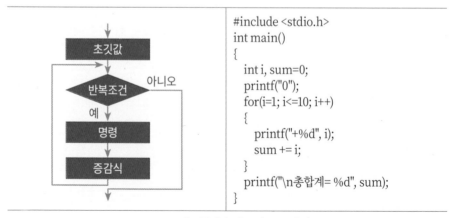

```
#include <stdio.h>
int main()
{
    int i, sum=0;
    printf("0");
    for(i=1; i<=10; i++)
    {
        printf("+%d", i);
        sum += i;
    }
    printf("\n총합계= %d", sum);
}
```

≫ 표2 – for 문의 순서도 및 코드 예시

for로 작성한 반복문은 while 문을 이용해서 표현할 수 있습니다.

# 도전! 비버챌린지

※ 비버챌린지의 '카드 뒤집기(2018, 벨기에)' 문제를 해결해봅시다.

### 문제의 배경

다음과 같은 '게임'을 한다. 카드가 한 줄로 앞에 놓여있는데, 위로 ⊙ 향해 있거나 아래로 ▮ 뒤집혀 있다.

게임을 하는 도중 한 단계마다 다음과 같은 작업을 한다.

- 오른쪽에서 왼쪽으로 가며 카드들을 한 장씩 살펴본다.
- 어떤 카드가 아래로 뒤집혀있다면, 위로 향하도록 뒤집고 그 단계가 끝난다.
- 어떤 카드가 위로 향해있다면, 그 카드를 아래로 향하도록 뒤집고 그 다음 카드를 확인한다.
- 카드들이 더 이상 없다면 그 단계가 끝난다.

아래의 그림은 카드들이 배치되어있던 어떤 상태에서 한 단계를 진행한 상황을 나타낸다.

현재 상태

- 가장 오른쪽에 있는 카드를 뒤집은 후, 그 왼쪽에 있는 다음 카드로 이동해서 카드를 뒤집는다.
- 그 왼쪽에 있는 다음 카드는 위로 향해 놓여있기 때문에 한 단계의 작업이 끝나게 된다.

다음 상태

32장의 카드가 아래로 뒤집혀있는 상태로 게임을 시작한다.

Reset

카드를 클릭하면 반대로 뒤집히고, "리셋(Reset)"을 누르면 모든 카드를 아래로 뒤집는다.

### 문제/도전

규칙에 따라 32 단계를 진행하면, 몇 장의 카드가 위로 향해 있을까?　　　（　　　）장

'카드 뒤집기' 문제를 어떻게 해결할 수 있을까요?

이 문제의 현재 상태는 32장의 카드가 아래로 뒤집혀있는 상태이고, 목표 상태는 주어진 규칙에 따라 모든 단계를 수행한 후의 카드 상태입니다. 따라서 현재 상태는 아무 것도 수행하지 않은 0단계이고, 목표 상태는 32단계입니다.

이 문제를 해결하는 데 필요한 핵심요소는 단계별 32장의 카드 상태, 카드를 뒤집는 규칙과 각 단계를 시작하고 끝내는 규칙입니다. 따라서 현재 상태를 표현하기 위해 다음과 같은 <상태분석표: 0단계>를 생각할 수 있습니다(가장 왼쪽에 있는 카드부터 0~31의 수로 표현함).

상태분석표: 0단계

| 단계 \ 카드 | 0 | 1 | ⋯ | 24 | 25 | 26 | 27 | 28 | 29 | 30 | 31 |
|---|---|---|---|---|---|---|---|---|---|---|---|
| 0 | 0 | 0 | ⋯ | 0 | 0 | 0 | 0 | 0 | 0 | 0 | 0 |

그리고 카드를 뒤집는 규칙과 각 단계를 시작하고 종료하는 규칙은 다음과 같습니다.

- 규칙1: 오른쪽에서 왼쪽으로 가며 카드들을 한 장씩 살펴본다.
- 규칙2: 어떤 카드가 아래로 뒤집혀있다면, 위로 향하도록 뒤집고 그 단계를 끝낸다.
- 규칙3: 어떤 카드가 위로 향해 있다면, 아래로 향하도록 뒤집고 다음 카드를 확인한다.
- 규칙4: 카드가 더 이상 없다면 그 단계를 끝낸다.

• 카드 앞면이 아래쪽으로 향한 상태를 0, 위쪽으로 향한 상태를 1로 표현하였다.

먼저 1단계는 '규칙1'에 의해 가장 오른쪽에 있는 카드(31번 카드)를 확인합니다. 카드가 뒤집혀있는 상태(0)이므로, '규칙2'에 의해 그 카드를 위로 향하도록 뒤집고(1로 변경) 1단계를 종료합니다. 따라서 <상태분석표: 0단계>를 다음과 같이 수정할 수 있습니다.

상태분석표: 1단계

| 단계\카드 | 0 | 1 | ... | 24 | 25 | 26 | 27 | 28 | 29 | 30 | 31 |
|---|---|---|---|---|---|---|---|---|---|---|---|
| 0 | 0 | 0 | ... | 0 | 0 | 0 | 0 | 0 | 0 | 0 | 0 |
| 1 | 0 | 0 | ... | 0 | 0 | 0 | 0 | 0 | 0 | 0 | 1 |

다음으로 2단계는 '규칙1'에 의해 가장 오른쪽 카드(31번 카드)를 검사합니다. 카드가 위로 향해 있는 상태(1)이므로, '규칙3'에 의해 그 카드를 아래로 향하도록 뒤집고(0으로 변경), 다음 카드(30번 카드)를 확인합니다. 30번 카드는 뒤집혀있는 상태(0)이므로, '규칙2'에 의해 위로 향하도록 뒤집고(1로 변경), 2단계를 종료합니다. 그리고 <상태분석표: 1단계>는 다음과 같이 수정합니다.

상태분석표: 2단계

| 단계\카드 | 0 | 1 | ... | 24 | 25 | 26 | 27 | 28 | 29 | 30 | 31 |
|---|---|---|---|---|---|---|---|---|---|---|---|
| 0 | 0 | 0 | ... | 0 | 0 | 0 | 0 | 0 | 0 | 0 | 0 |
| 1 | 0 | 0 | ... | 0 | 0 | 0 | 0 | 0 | 0 | 0 | 1 |
| 2 | 0 | 0 | ... | 0 | 0 | 0 | 0 | 0 | 0 | 1 | 0 |

이와 같은 방식으로 8단계까지 수행하면 다음과 같은 <카드 상태: 8단계>와 <상태분석표: 8단계>를 만들 수 있습니다. 그리고 이것을 32단계까지 수행하면 되는 것이죠. 그런데 32단계를 모두 수행하려면 너무 오랜 시간이 걸리지 않을까요? 혹시 또 다른 방법이 있는 것은 아닐까요?

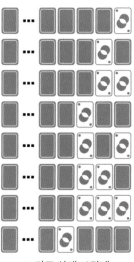

≪ 카드 상태 : 8단계

• 1단계부터 8단계까지 카드 상태가 변화하는 모습을 차례대로 표현하였다.

상태분석표: 8단계

| 단계\카드 | 0 | 1 | ⋯ | 24 | 25 | 26 | 27 | 28 | 29 | 30 | 31 |
|---|---|---|---|---|---|---|---|---|---|---|---|
| 0 | 0 | 0 | ⋯ | 0 | 0 | 0 | 0 | 0 | 0 | 0 | 0 |
| 1 | 0 | 0 | ⋯ | 0 | 0 | 0 | 0 | 0 | 0 | 0 | 1 |
| 2 | 0 | 0 | ⋯ | 0 | 0 | 0 | 0 | 0 | 0 | 1 | 0 |
| 3 | 0 | 0 | ⋯ | 0 | 0 | 0 | 0 | 0 | 0 | 1 | 1 |
| 4 | 0 | 0 | ⋯ | 0 | 0 | 0 | 0 | 0 | 1 | 0 | 0 |
| 5 | 0 | 0 | ⋯ | 0 | 0 | 0 | 0 | 0 | 1 | 0 | 1 |
| 6 | 0 | 0 | ⋯ | 0 | 0 | 0 | 0 | 0 | 1 | 1 | 0 |
| 7 | 0 | 0 | ⋯ | 0 | 0 | 0 | 0 | 0 | 1 | 1 | 1 |
| 8 | 0 | 0 | ⋯ | 0 | 0 | 0 | 0 | 1 | 0 | 0 | 0 |

위의 <상태분석표: 8단계>를 보면, 각 카드의 상태는 0(아래) 또는 1(위) 중 하나임을 알 수 있습니다. 또한, 카드는 모두 32개이므로, 각 단계별 전체 카드 상태는 32자리 2진수로 생각해볼 수 있을 것입니다. 따라서 0단계의 카드 상태는 모든 자리가 0인 32자리 2진수이고, 1단계의 카드 상태는 1의 자리만 1이고 나머지 31자리가 0인 32자리 2진수를 뜻한다고 할 수 있습니다. 이런 식으로 생각해보면 한 단계를 수행할 때마다 생성되는 2진수가 이전 상태보다 1 크다는 것을 알 수 있습니다. 다음 <상태분석표: 10진수>와 같이 10진수로 바꾸어 생각해보면 보다 명확해집니다.

상태분석표: 10진수

| 단계\카드 | 2진수 | | | | | | | | | | | 10진수 |
|---|---|---|---|---|---|---|---|---|---|---|---|---|
| | 0 | 1 | ⋯ | 24 | 25 | 26 | 27 | 28 | 29 | 30 | 31 | |
| 0 | 0 | 0 | ⋯ | 0 | 0 | 0 | 0 | 0 | 0 | 0 | 0 | 0 |
| 1 | 0 | 0 | ⋯ | 0 | 0 | 0 | 0 | 0 | 0 | 0 | 1 | 1 |
| 2 | 0 | 0 | ⋯ | 0 | 0 | 0 | 0 | 0 | 0 | 1 | 0 | 2 |
| 3 | 0 | 0 | ⋯ | 0 | 0 | 0 | 0 | 0 | 0 | 1 | 1 | 3 |
| 4 | 0 | 0 | ⋯ | 0 | 0 | 0 | 0 | 0 | 1 | 0 | 0 | 4 |
| 5 | 0 | 0 | ⋯ | 0 | 0 | 0 | 0 | 0 | 1 | 0 | 1 | 5 |
| 6 | 0 | 0 | ⋯ | 0 | 0 | 0 | 0 | 0 | 1 | 1 | 0 | 6 |
| 7 | 0 | 0 | ⋯ | 0 | 0 | 0 | 0 | 0 | 1 | 1 | 1 | 7 |
| 8 | 0 | 0 | ⋯ | 0 | 0 | 0 | 0 | 1 | 0 | 0 | 0 | 8 |

앞의 표를 잘 분석해보면 0단계일 때는 $0_{10}$, 1단계일 때는 $1_{10}$, ⋯, 8단계일 때는 $8_{10}$이 만들어짐을 발견할 수 있습니다. 따라서 목표 상태인 32단계일 때는 $32_{10}$가 만들어지며, 이를 2진수로 바꾸어보면, $00000000000000000000000000100000_2$ 입니다. 이 문제에서는 32단계에서 위(1)로 향한 카드의 개수를 묻고 있으므로, 정답은 1(개)입니다. 이처럼 주어진 자료의 공통점과 차이점을 찾아 적절히 관계짓는 것을 패턴 인식(pattern recognition)이라고 합니다. 이 문제는 <상태분석표: 10진수>에서 '단계'가 변할 때 '10진수'가 어떻게 변하는지 패턴을 분석하면 쉽게 해결할 수 있습니다.

# 한 걸음 더!

'카드 뒤집기' 문제를 프로그래밍을 통해 해결해봅시다.

사람이 직접 32단계를 수행하는 것은 분명 어려운 일이지만, 컴퓨터에게는 매우 쉬운 일입니다. 컴퓨터는 매우 빠르고 정확한 계산을 해내는 기계이기 때문입니다. 지금부터는 앞서 살펴본 <상태분석표>와 같이 n 단계를 수행한 결과를 출력하고, 1의 개수를 세는 프로그램을 작성해 봅시다. 32장의 카드에 4가지 규칙을 반복적으로 적용하는 것이 중요하므로 if~else 문과 for 문(또는 while 문)을 적절하게 활용해야 합니다.

다음은 이를 구현한 C언어 프로그램입니다. 프로그램을 작성하고 실행해봅시다.

| 줄번호 | 소스코드 |
|---|---|
| 01 | #include <stdio.h> |
| 02 | int card[32] = {}, count = 0; |
| 03 | void print_card() |
| 04 | { |
| 05 | int i; |
| 06 | for(i=0; i<=31; i++) |
| 07 | printf("%d", card[i]); |
| 08 | printf("\n"); |
| 09 | } |
| 10 | void flip() |
| 11 | { |
| 12 | int i, j; |
| 13 | printf(" 0 "); |
| 14 | print_card(); |
| 15 | for(i=1; i<=32; i++) |
| 16 | { |
| 17 | printf("%2d ", i); |
| 18 | for(j=31; j>=0; j--) |
| 19 | { |
| 20 | if(card[j] == 0) |
| 21 | { |
| 22 | card[j] = 1; |
| 23 | break; |
| 24 | } |

```
25              else
26              {
27                  card[j] = 0;
28              }
29          }
30          print_card();
31      }
32      for(j=0; j<32; j++)
33          if(card[j] == 1) count = count + 1;
34  }
35  int main()
36  {
37      int n;
38      printf("단계      카드 상태       \n");
39      printf("--------------------------------\n");
40      flip();
41      printf("--------------------------------\n");
42      printf("위로 향한 카드의 개수는 = %d\n", count);
43      return 0;
44  }
```

| 줄번호 | 코드 설명 |
|---|---|
| 02 | 카드의 상태를 저장하기 위한 배열 변수 card[32]를 선언하고 모두 0으로 초기화합니다. 또한, 위로 향한 카드의 개수를 세기 위한 변수 count를 선언하고 0으로 초기화합니다. |
| 03~09 | 카드의 상태를 출력하기 위한 함수 print_card()를 정의합니다. |
| 10~34 | 각 단계별로 규칙을 적용하여 카드 상태를 변경하기 위한 함수 flip()를 정의합니다. 먼저 현재 상태(0단계)를 출력(13~14번 줄)합니다. 총 32단계를 수행해야 하므로 같은 작업을 32번 반복(15~34번 줄)해야 합니다. 이때, 32장의 카드 중 가장 오른쪽 카드부터 규칙을 적용(18~29번 줄)한 후, 카드의 상태를 출력(30번 줄)합니다. 32단계를 모두 수행한 이후에는 위로 향한 카드의 개수를 세는 것(32~33번 줄)이 필요합니다. |
| 35~44 | 서식을 출력하고 함수를 호출하기 위한 main() 함수를 정의합니다. 본 프로그램의 주요 부분을 print_card(), flip() 함수로 모듈화하였기 때문에 main() 함수는 간단하게 정의될 수 있습니다. |

위 프로그램을 실행하면 각 단계별 카드 상태와 최종적으로 위로 향한 카드의 개수가 출력되는 것을 알 수 있습니다. 이때, 주어진 규칙을 if~else 문으로 구현하고, 반복적인 작업을 for 문으로 작성하는 것이 핵심입니다.

마지막으로 '카드 뒤집기' 문제의 조건(단계와 규칙 등)을 변경하여 새로운 문제를 만들어보고, 이를 해결하는 프로그램을 작성해봅시다. 이번에는 for 문이 아닌 while 문을 이용하여 프로그램을 작성할 수 있기를 바랍니다.

• 꼭 도전해 보세요. '한 걸음 더!' 나아갈 수 있습니다.

# 스스로 평가하기

| 평가문항 | 매우 우수 | 우수 | 보통 |
|---|---|---|---|
| 비버챌린지 문제 해결을 위해 패턴을 찾을 수 있나요? | | | |
| 비버챌린지 문제 해결을 위해 if~else 문을 활용하여 프로그램을 작성할 수 있나요? | | | |
| 비버챌린지 문제 해결을 위해 for 문을 활용하여 프로그램을 작성할 수 있나요? | | | |
| 비버챌린지 문제 해결을 위해 while 문을 활용하여 프로그램을 작성할 수 있나요? | | | |

# 파이선 코드

※ 다음은 앞서 18~19페이지에 제시한 C언어 프로그램을 파이선으로 작성한 것
입니다. 파이선에 익숙하다면 아래 코드를 참고하세요.

| 줄번호 | 소스코드 |
|---|---|
| 01 | card = [0]*32 |
| 02 | count = 0 |
| 03 | |
| 04 | def print_card() : |
| 05 |   print(card) |
| 06 | |
| 07 | def flip() : |
| 08 |   global count |
| 09 |   print(" 0 ", end='') |
| 10 |   print_card() |
| 11 |   for i in range(1,33) : |
| 12 |     print("%2d "%i,end='') |
| 13 |     for j in range(31, –1, –1): |
| 14 |       if card[j] == 0 : |
| 15 |         card[j] = 1 |
| 16 |         break |
| 17 |       else : |
| 18 |         card[j] = 0 |
| 19 |     print_card() |
| 20 |   for j in range(32) : |
| 21 |     if card[j] == 1 : |
| 22 |       count = count +1 |
| 23 | |
| 24 | print("단계 카드 상태") |
| 25 | print("----------------------------------") |
| 26 | flip() |
| 27 | print("----------------------------------") |
| 28 | print("위로 향한 카드의 개수는 =", count) |

# ME MO

# 2장

# 글라이더 찾기

**학습내용** 정보과학, 부호화

**학습목표** - 정보사회에서 정보과학의 지식과 기술이 활용되는 분야를 탐색하고 영향력을 평가한다.

- 동일한 정보가 다양한 방법으로 디지털로 변환되어 표현될 수 있음을 이해하고 정보 활용 목적에 따라 보다 효율적인 방법을 선택한다.

# 2장

## 글라이더 찾기

# 생각열기

여러분들은 친구들에게 연락할 때 어떤 방법을 사용하시나요? 요즘은 대부분 휴대폰 메신저 앱이나, 문자 서비스 등을 많이 활용하고 있습니다. 하지만 방금 제시된 방법들은 20세기 말이 되어서나 출현한 방법들입니다. 그렇다면 그보다 과거에는 주변 사람들에게 어떻게 정보를 전달하였을지 아래 그림을 보면서 생각해 봅시다.

$$- \cdot \cdots \quad \cdot \quad - \cdot \cdots \quad \cdot \quad \cdot - \cdot \quad \cdot - \quad \cdot \cdots$$

$$- \cdot - \cdot \quad \cdot \cdots \quad \cdot - \quad \cdot - \cdot \cdot \quad \cdot - \cdot \cdot \quad \cdot \quad - \cdot \quad - - \cdot \quad \cdot$$

△ 모스 송신기

위와 같은 기호를 보신 적 있으신가요? 이것은 두 가지 기호를 조합하여 알파벳과 숫자를 표시하는 모스 부호이며, 위의 기호는 'BEBRAS CHALLENGE'를 의미합니다. 모스 부호는 새뮤얼 핀리 브리즈 모스(Samuel Finley Breese Morse, 1791~1872)가 고안하여 1844년에 완성한 기호로, 짧은 전류와 긴 전류를 이용하여 문장을 구성하도록 하는 기호 체계입니다.

모스 부호: 1836년 새뮤얼 모스(미국)가 개발한 짧은 발신 전류(•)와 긴 발신 전류(–)를 적절히 조합하여 알파벳과 숫자를 표기하는 국제 통신 코드이다.

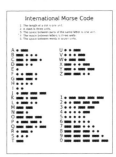

전류를 사용하여 정보를 전달하는 방법은 현재에도 많이 사용하고 있으며, 특히 컴퓨터에서는 전류를 활용한 비연속적인 형태의 신호를 사용하여 명령을 실행하고 있습니다.

이번 챕터에서는 컴퓨터가 메시지나 명령을 주고받을 때 사용하는 신호들의 형태를 알아보고, 비버챌린지의 '글라이더 찾기' 문제를 통해 '디지털 표현'의 활용법을 학습해 보겠습니다.

1 　 0

아스키 코드(ASCII): 대표적인 7비트 문자 코드로, 컴퓨터와 통신장비 등 영문 알파벳과 특수 문자를 사용하는 많은 장치에서 사용되는 미국정보교환표준부호(American Standard Code for Information Interchange)의 줄임말이다.

아스키 코드 예시
 – A: 1000001
 – a: 1100001

유니코드(Unicode): 16비트로 전 세계의 대부분 문자를 컴퓨터에서 사용할 수 있는 표준 문자 코드이며, 인코딩 방식에는 UTF-8, UTF-16 등이 있다.

컴퓨터는 우리가 생활 속에서 접해 볼 수 있는 다양한 자료(문자, 소리, 이미지)를 전류의 흐름을 이용하여 전달합니다.

컴퓨터는 정보를 표현할 때 0과 1의 두 가지 상태를 이용합니다. 그리고 전류가 흐르거나, 흐르지 않도록 하여 0과 1을 전달합니다. 즉, 전류가 흐르면 1, 흐르지 않으면 0으로 표현하게 됩니다. 이와 같이 컴퓨터 내부에서는 텍스트, 이미지, 음성, 영상 등 모든 정보를 이진수로 표현합니다.

하지만 주어진 정보를 이진수로 표현할 때는 아무렇게나 마음대로 표현하는 것이 아닙니다. 반드시 사전에 약속된 규칙을 바탕으로 하여 정보를 0과 1의 형태로 변환해야 하며, 이러한 과정을 부호화(coding 또는 encoding)라고 부릅니다. 일반적으로 많이 사용하는 부호화 방법에는 아스키 코드 방식이 있습니다. 아래의 아스키 코드표를 보고 주어진 문자를 이진수로 표현해 아래 표에 작성해봅시다.

|  | 000 | 001 | 010 | 011 | 100 | 101 | 110 | 111 |
|------|------|------|------|------|------|------|------|------|
| 0000 | NUL | DLE | Space | 0 | @ | P | ` | p |
| 0001 | SOH | DC1 | ! | 1 | A | Q | a | q |
| 0010 | STX | DC2 | " | 2 | B | R | b | r |
| 0011 | ETX | DC3 | # | 3 | C | S | c | s |
| 0100 | EOT | DC4 | $ | 4 | D | T | d | t |
| 0101 | ENQ | NAK | % | 5 | E | U | e | u |
| 0110 | ACK | SYN | & | 6 | F | V | f | v |
| 0111 | BEL | ETB | ' | 7 | G | W | g | w |
| 1000 | BS | CAN | ( | 8 | H | X | h | x |
| 1001 | HT | EM | ) | 9 | I | Y | i | y |
| 1010 | LF | SUB | * | : | J | Z | j | z |
| 1011 | VT | ESC | + | ; | K | [ | k | { |
| 1100 | FF | FS | , | < | L | \ | l | \| |
| 1101 | CR | GS | – | = | M | ] | m | } |
| 1110 | SO | RS | . | > | N | ^ | n | ~ |
| 1111 | SI | US | / | ? | O | _ | o | DEL |

| Bebras | |
|--------|--|
| 자신의 이름 | |

# 도전! 비버챌린지

※ 비버챌린지의 '글라이더 찾기(2018, 벨기에)' 문제를 해결해봅시다.

### 문제의 배경

자나(Jana)와 로빈(Robin)이 모형 글라이더를 가지고 밖에서 놀고 있다. 한 명은 낮은 언덕 꼭대기에서 글라이더를 날리고, 다른 한 명은 글라이더가 땅에 떨어지면 줍는다.

언덕에는 오랫동안 깎지 않은 풀들이 자라 있기 때문에, 땅에 떨어진 글라이더는 언덕 위에서만 보인다. 자나와 로빈은 글라이더가 떨어진 위치를 언덕 위에서 알려주기 위해서, 원형 신호 막대기 1개를 가져와서 다음과 같은 신호들을 만들었다.

| 왼쪽으로 | 오른쪽으로 | 위로 | 아래로 |
|---|---|---|---|

하지만, 신호를 연속으로 보내면 문제가 발생한다.
예를 들어, 신호를 다음과 같이 연속해서 보내면

"왼쪽으로 - 위로 - 왼쪽으로" 의미가 될 수 있지만,
"왼쪽으로 - 오른쪽으로 - 왼쪽으로 - 왼쪽으로" 의 의미도 될 수 있다.

따라서, 자나와 로빈은 이런 문제를 해결하기 위해서 신호를 수정해야만 한다.

### 문제/도전

여러 가지 의미로 해석되지 않도록 설계된 좋은 신호는 다음 중 어떤 것 일까?(신호를 연속해서 보내더라도 한 가지 의미로만 해석될 수 있어야 한다.)

| | 왼쪽으로 | 오른쪽으로 | 위로 | 아래로 |
|---|---|---|---|---|
| A) | | | | |
| B) | | | | |
| C) | | | | |
| D) | | | | |

'글라이더 찾기' 문제를 어떻게 해결할 수 있을까요?

이 문제의 현재 상태는 4가지 신호체계(A, B, C, D)가 제시된 상태이며, 목표 상태는 이 중 여러 가지 의미로 해석되지 않도록 설계된 신호체계를 찾은 상태입니다.

이 문제를 해결하는데 필요한 핵심요소는 각각의 신호체계를 구성하는 신호의 종류와 의미입니다. A는 왼쪽을 ╹, 오른쪽을 ╹━●, 위를 ╹━●━╹, 아래를 ━●╹━ 로 표현하고 있습니다. 아래 표를 통해 B, C, D의 경우도 확인할 수 있습니다.

| | 왼쪽으로 | 오른쪽으로 | 위로 | 아래로 |
|---|---|---|---|---|
| A) | | | | |
| B) | | | | |
| C) | | | | |
| D) | | | | |

이를 이용하여, 각 신호체계를 이용하여 다양한 신호를 만들어 보고, 이들이 한 가지 의미로만 해석되는지를 검사하는 과정이 필요합니다. 먼저 A의 경우, 다음과 같이 신호를 보낼 때 문제가 발생합니다. '왼쪽으로 – 아래로'의 의미가 될 수 있지만, '오른쪽 – 오른쪽'의 의미도 될 수 있기 때문입니다.

| 보내는 신호 | 해석 결과 | |
|---|---|---|
| | 오른쪽 – 오른쪽 | |
| | 왼쪽으로 – 아래로 | |

다음과 같은 신호를 보낼 때도 문제가 발생합니다. '위로 - 아래로'의 의미가 될 수 있지만, '오른쪽으로 - 아래로 - 오른쪽으로'의 의미도 될 수 있기 때문입니다. 따라서 A는 좋은 신호가 아닙니다.

B의 경우, 비교적 쉽게 확인할 수 있습니다. 다음과 같이 '위로'를 뜻하는 신호를 보내더라도, '왼쪽으로 - 오른쪽으로'의 의미로도 해석될 수 있기 때문입니다.

| 보내는 신호 | 해석 결과 | |
|---|---|---|
|  | 위로 |  |
|  | 왼쪽으로 - 오른쪽으로 |  |

또한, '아래로'를 뜻하는 신호(♟—•)를 보내더라도, '오른쪽으로(♟) - 왼쪽으로 ( —• )'의 의미로 해석될 수 있습니다. 따라서 B도 좋은 신호가 아닙니다.

C의 경우는 신호를 연속해서 보내더라도 한 가지 의미로만 해석됩니다. 모든 신호가 ♟로 시작하여, 서도 다른 개수의 —•로 끝나기 때문입니다. 따라서 보내는 사람은 만들기 쉽고, 받는 사람은 이해하기 쉽습니다.

| 시작 | 끝 | 의미 |
|---|---|---|
|  | — | 위로 |
|  | —• | 아래로 |
|  | —•—• | 왼쪽으로 |
|  | —•—•—• | 오른쪽으로 |

한편, D의 경우에도 좋은 신호가 아닙니다. 다음과 같이 '위로'를 뜻하는 신호를 보내더라도, '왼쪽으로 - 아래로'의 의미로 해석될 수 있기 때문입니다. 따라서 D도 좋은 신호가 아닙니다.

| 보내는 신호 | 해석 결과 | |
| --- | --- | --- |
| | 위로 | |
| | 왼쪽으로 – 아래로 | |

이상의 과정을 통해 '글라이더 찾기' 문제의 정답은 C임을 알 수 있습니다. 그렇지만, 여러분들의 궁금증이 모두 풀리지는 않았을 것입니다. 도대체 왜, 보내는 사람은 한 가지 의미로 보냈는데, 받는 사람에게는 여러 가지 의미로 해석될 수 있을까요? 분명, 각 신호의 표현과 의미는 모두 다름에도 불구하고 말입니다.

다음과 같이 '왼쪽으로', '오른쪽으로', '위로', '아래로'를 뜻하는 신호를 표현하는 막대기의 개수가 모두 같다면 어떨지를 생각해 봅시다.

| 왼쪽으로 | 오른쪽으로 | 위로 | 아래로 |
| --- | --- | --- | --- |
| | | | |

이렇게 되면 신호를 연속해서 보내더라도 여러 가지 의미로 해석되지 않음을 알 수 있습니다. 따라서 중복 해석이 가능한 신호가 만들어지는 이유는 기본적으로 각 신호를 표현하는 막대기의 개수가 다르기 때문입니다.

앞서 설명했듯이, 주어진 정보들을 컴퓨터가 인식할 수 있게 바꾸는 과정을 부호화라고 합니다. 부호화를 통해 정보를 전달할 때는 크기를 어떻게 정하느냐에 따라 2가지 방법으로 나눌 수 있습니다.

| | |
| --- | --- |
| 고정길이(fixed-length) 코드 | 모든 정보의 길이를 동일하게 유지한다.<br>예 아스키 코드(7비트) |
| 가변길이(variable length) 코드 | 정보들의 길이가 모두 다르다.<br>예 모스 부호 |

가변 길이의 경우 정보를 전달받는 쪽에서 원래의 정보로 복원해야 할 때 한 가지 의미로만 해석이 될 수 있도록 신호체계를 만들어야 합니다. 한 가지 의미로 해석할 수 있는 부호화 방법으로는 '글라이더 찾기' 문제의 정답과 같은 앞자리 부호화(prefix encoding) 방식이 대표적이라고 할 수 있습니다.

### 앞자리 부호화의 특징

– 코드를 짧게 구성할 수 있다.
– 정보를 쉽게 해석할 수 있다.

허프만 부호화(Huffman code): 대표적 앞자리 부호화 방식으로, 문자열에서 자주 발생하는 문자는 짧게 표현하고, 거의 등장하지 않는 문자는 길게 표현하여 데이터를 효율적으로 압축하는데 사용하는 방법이다.

# 한 걸음 더!

문제분석과 핵심요소 추출은 문제를 효율적으로 해결하기 위해 필수적인 컴퓨팅 사고 전략입니다. 지금까지 학습 경험을 바탕으로 비버챌린지의 '암호를 풀어라(2017, 러시아)' 문제 해결에 도전해봅시다.

### 문제의 배경

앞자리 부호화(prefix encoding) 방법을 이용하여 각 문자를 하나 이상의 숫자로 구성된 코드로 부호화할 때에는 어떠한 문자도 다른 문자의 코드로 시작할 수는 없다. 예를 들어, 문자 A가 12로 부호화되면 문자 B는 2로 부호화될 수 있다(12는 2로 시작하지 않기 때문). 또, 문자 C는 11로 부호화될 수 있지만(12와 2는 모두 11로 시작하지 않기 때문), 21로 부호화될 수는 없다(2는 이미 B에 사용되었기 때문). 마찬가지로 C는 121로 부호화될 수는 없다(12는 이미 A에 사용되었기 때문).

### 문제 / 도전

아래 주어진 숫자가 단어 BEBRAS의 부호화한 결과가 될 수 있도록 숫자 사이에 '0'을 넣으시오.

12112233321

# 스스로 평가하기

| 평가문항 | 매우 우수 | 우수 | 보통 |
|---|---|---|---|
| 문제분석의 개념을 설명할 수 있나요? | | | |
| 문제의 초기 상태와 목표 상태를 파악할 수 있나요? | | | |
| 핵심요소 추출의 개념을 설명할 수 있나요? | | | |
| 내가 만든 기호로 친구들에게 정확하게 정보를 전달할 수 있나요? | | | |

# ME
# MO

# 3장

## 선물

# 3장

## 선물

고산자(古山子) 김정호(?~1866)는 오늘날의 지도와 비교해도 손색 없을 정도로 상세하고 정확한 지도인 대동여지도를 만들었습니다. 조선이 근대화되기 이전인 1861년에 총 22권의 책을 모두 펼쳐 연결하면 한반도 지도가 나오게 되는 멋진 펼침북을 만든 것입니다.

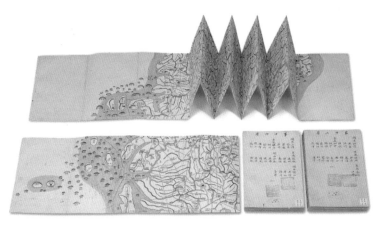

⩓ 김정호가 대동여지도를 만든 이유와 방법은 무엇일까?

그렇다면 김정호가 대동여지도를 만든 이유는 무엇일까요? 그리고 어떤 방법으로 만든 것일까요? 만일, 대동여지도가 그림이 아니라 글로 표현되어 있다면 어떨까요?

이번 챕터에서는 비버챌린지의 '선물' 문제를 통해 자료 수집과 자료 분석, 정보의 시각화 방법에 대해 학습하고, 특히 문제 해결을 위한 모델링 방법에 대해 학습해 보겠습니다.

모델링: 문제 이해 및 분석 결과를 바탕으로 문제 해결 방법을 구조화하여 재표현하는 것이다.

'쾨니히스베르크의 다리' 문제: 프로이센의 쾨니히스베르크(지금의 러시아 칼리닌그라드)에 있는 7개의 다리에 관련된 문제로, 7개의 다리를 한 번만 건너면서 처음 시작한 위치로 돌아오는 길이 있는가 하는 것이다. 이 문제는 1735년, 레온하르트 오일러가 이것이 불가능하다는 것을 증명했다.

'쾨니히스베르크의 다리' 문제는 모든 다리를 한 번씩만 건너면서 출발한 위치로 돌아오는 길이 있는지에 대해 답하는 문제입니다. 이 문제를 해결하기 위해서는 먼저 쾨니히스베르크 지형에 대한 자료 수집이 필요합니다.

---

쾨니히스베르크에는 프레겔강이 흐르는데 이 강으로 인해 생긴 두 개의 큰 섬이 가운데 위치한다. 왼쪽 섬은 위로 2개, 아래로 2개, 오른쪽 섬과 연결된 1개의 다리가 있고, 오른쪽 섬은 위로 1개, 아래로 1개, 그리고 왼쪽 섬과 연결된 1개의 다리가 있다.

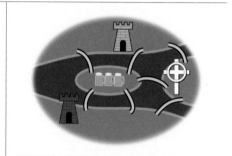

⟪ 글로 표현하기        ⟪ 그림: 지도로 표현하기

---

글로 표현한 것보다는 그림으로 정보의 시각화를 한 지도가 보기 좋지만, 두 가지 모두 불필요한 자료가 많네요. 예를 들어, 성, 맥주잔, 십자가 등도 불필요합니다. 오직 다리와 지역의 연결 정보만 있으면 됩니다. 따라서 필요한 요소만을 고려하여 다음과 같은 <그림>이나 <표>로 표현할 수 있습니다.

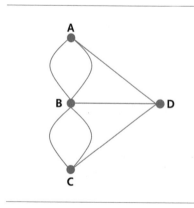

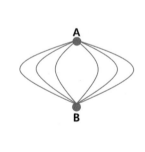

⟪ 그림: 점과 선으로 표현하기     ⟪ 그림: 문제 해결의 실마리

먼저 <그림: 점과 선으로 표현하기>에서, B와 D는 가운데 있는 두 개의 섬을, A 와 C는 각각 위쪽 지역(3개의 마을), 아래쪽 지역(3개의 마을)을 뜻합니다. 지역의 위치는 조금 다르지만 각 지역 간의 연결 상태는 <그림: 지도로 표현하기>와 같습니다. 이제 각 지역(A, B, C, D)에서 출발하여 모든 선(다리)을 한 번씩만 지나면 서, 출발 위치로 돌아오는 경로가 있는지 살펴보면 됩니다. 따라서 '쾨니히스베르크의 다리' 문제의 해결 모델을 다음과 같이 시각화하여 표현할 수 있습니다.

△ 모델링: 쾨니히스베르크의 다리 문제 해결 모델

A에서 출발하여 A로 돌아오는 경로가 있는지를 알아내려면 어떻게 해야 할까요? 직접 해보는 방법이 있겠지만, 조건을 만족하면서 모든 경우를 따져보는 일이 쉽지는 않습니다. 그런데 잘 생각해보면 A에서 출발하여 모든 선을 한 번씩만 거치고 A로 돌아오기 위해서는 A에 연결된 선이 짝수개가 되어야 함을 알 수 있습니다. 다음 <그림: 문제 해결의 실마리>에서 알 수 있듯이 나가고(出), 들어오는(入) 것이 가능해야 하기 때문이죠.

| | A | B | C | D | 다리 수 |
|---|---|---|---|---|---|
| A | 0 | 2 | 0 | 1 | 3 |
| B | 2 | 0 | 0 | 0 | 2 |
| C | 0 | 0 | 0 | 0 | 0 |
| D | 1 | 0 | 0 | 0 | 1 |

△ 표로 표현하기

따라서 모든 지점에 연결된 선의 개수가 짝수인지, 아닌지만 검사하면 됩니다. 이것을 알기 쉽게 표현한 것이 <표로 표현하기>입니다. 원래 지도가 어떻게 생겼는지와 관계없이, 각 지역의 연결 상태를 검사하고 '다리 수'만 보면 됩니다. 아쉽게도 쾨니히스베르크의 각 지역(A, B, C, D) 중 A와 D에 연결된 선의 개수가 홀수이므로, 이 문제의 정답은 '아니오'입니다.

한편, 다리 개수가 홀수인 지역에서는 출발 또는 도착 중 하나만 가능합니다. 그러므로 A에서 출발하여 모든 다리를 한 번씩(만) 건넌 후에 C에서 멈춘다거나, C에서 시작하여 A에서 멈추는 것은 가능할 것입니다. 이와 같이 지역의 개수와 연결 상태(선의 배치 및 개수)가 아무리 복잡해지더라도 <표로 표현하기>와 같이 나타낼 수만 있다면 어렵지 않게 해결할 수 있습니다.

정보의 시각화 방법: 텍스트로 표현하기, 그림이나 표로 나타내기, 다이어그램으로 표현하기 등이 있다.

이쯤 되면 눈치를 챘겠지만, '쾨니히스베르크의 다리' 문제가 바로 '한붓그리기'의 원조이며, 이 문제를 처음으로 해결한 사람이 바로 독일의 수학자 오일러(L. Euler)입니다. 이처럼, 복잡한 문제를 더 쉽게 해결하기 위해서는 자료 수집과 자료 분석은 물론, 적절한 정보의 시각화 과정이 필요합니다.

# 도전! 비버챌린지

※ 비버챌린지의 '선물(2018, 덴마크)' 문제를 해결해봅시다.

### 문제의 배경

아래 그림에는 같은 동네에 사는 아이들의 친구관계가 나타나 있다. 이름이 적혀있는 원이 선으로 연결되어있으면, 두 아이는 서로 친구라는 것을 나타내는 것이다.

친구들이 파티를 준비하고 있는데, 서로 친구 관계인 아이 중 한 명은, 다른 친구에게 줄 선물을 사와야 한다. 그림에는 그 아이가 구입해야 할 선물의 개수가 함께 적혀있다.

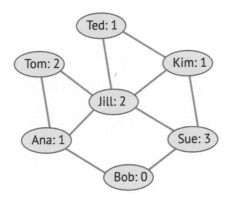

### 문제/도전

선물을 구입해서 다른 친구들에게 주는 방법을 찾아 화살표로 나타내어 보자.

• 선물을 구입할 수 있는 최대 개수를 초과해서 선물을 구입할 수는 없다.

• A → B와 같은 화살표는 A 친구가 선물을 구입해서 B 친구에게 준다는 것을 나타낸다.

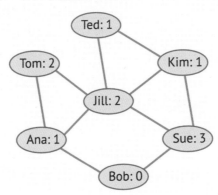

'선물' 문제를 어떻게 해결할 수 있을까요?

이 문제의 현재 상태와 목표 상태를 분석해봅시다. 현재 상태는 일곱 명의 아이들이 자신의 친구에게 선물을 주는 방법을 모르는 상태이며, 목표 상태는 그것을 모두 알아낸 상태입니다. 이 문제를 해결하는데 필수적인 요소는 일곱 명의 아이들 간 친구 관계입니다. 친구에게만 선물을 주어야 하기 때문입니다. 또한, 어떤 아이가 구입해야 할 선물의 개수도 중요한 요소입니다. 그 개수를 초과하여 선물을 줄 수 없기 때문입니다. 이것이 첫 번째 그림 속에서 얻을 수 있는 정보입니다.

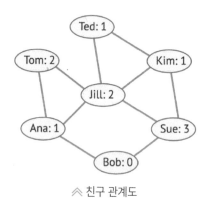

≪ 친구 관계도

따라서 이 문제를 해결하기 위해서는 모든(7명) 아이가 '자신의 친구에게', '정해진 수만큼' 선물을 줄 수 있도록 만드는 10개의 화살표 조합을 찾아야 합니다. 그러나 한 개의 화살표의 방향을 바꾸면 두 아이에게 영향을 미치기 때문에 목표 상태를 만드는 화살표 조합을 찾는 일이 생각보다 어렵습니다. 또한, 가능한 화살표 조합의 수가 1,024개(화살표 1개당 2가지 경우이고 모두 10개의 화살표가 있으므로 개)나 되므로, 모든 조합을 탐색하여 목표 상태를 찾는 일도 쉬운 일이 아니지요.

그렇다면 어떻게 해야 할까요?

먼저, 위의 <친구 관계도>를 표로 나타내봅시다. 표의 내부에는 두 사람 간의 친구 여부를 0(친구 아님) 또는 1(친구 맞음)로 표기하고, 가장 마지막 열에는 각각의 친구 수를 써봅시다. 이렇게 되면, 대각선(주황색) 칸을 기준으로 대칭 관계에 있는 두 개의 칸에 쓰인 수(ⓔ 보라색 칸 두 개)는 동일합니다. 두 사람은 친구이기 때문이죠.

다음과 같은 신호를 보낼 때도 문제가 발생합니다. '위로 – 아래로'의 의미가 될 수 있지만, '오른쪽으로 – 아래로 – 오른쪽으로'의 의미도 될 수 있기 때문입니다. 따라서 A는 좋은 신호가 아닙니다.

**친구 관계표**

|  | Ted(1) | Tom(2) | Jill(2) | Kim(1) | Ana(1) | Bob(0) | Sue(3) | 친구 수 |
|---|---|---|---|---|---|---|---|---|
| Ted(1) | 0 | 0 | 1 | 1 | 0 | 0 | 0 | 2 |
| Tom(2) | 0 | 0 | 1 | 0 | 1 | 0 | 0 | 2 |
| Jill(2) | 1 | 1 | 0 | 1 | 1 | 0 | 1 | 5 |
| Kim(1) | 1 | 0 | 1 | 0 | 0 | 0 | 1 | 3 |
| Ana(1) | 0 | 1 | 1 | 0 | 0 | 1 | 0 | 3 |
| Bob(0) | 0 | 0 | 0 | 0 | 1 | 0 | 1 | 2 |
| Sue(3) | 0 | 0 | 1 | 1 | 0 | 1 | 0 | 3 |
| 친구 수 | 2 | 2 | 5 | 3 | 3 | 2 | 3 | 0 |

<친구 관계표>를 보니, 사람별로 선물 수와 친구 수가 일목요연하게 보입니다. 예를 들어, Ted의 선물 수는 1개이고 친구는 2명이며, Jill의 선물 수는 2개이고 친구는 5명입니다. 물론, 누가 누구에게 선물을 주거나, 받아야 하는지는 아직 알 수 없습니다. 그러나 이런 식으로 하나씩 살펴보다 보면, Tom, Sue, Bob이 가진 특별한 상황을 발견하게 됩니다.

먼저, Tom은 선물 수가 2개인데 친구도 2명(Jill, Ana)이므로, Jill과 Ana에게 반드시 선물을 주고 자신은 받지 말아야 합니다. Sue의 경우에도, 선물이 3개이고 친구가 3명이므로, 3명의 친구(Jill, Kim, Bob)에게 선물을 주고, 본인은 받지 않아야 합니다. 마지막으로 Bob의 경우는 매우 특별합니다. 주어야 하는 선물이 0개이므로 오로지 받을 수만 있기 때문입니다. 따라서 Bob의 친구인 Ana와 Sue 는 무조건 Bob에게 선물을 주어야 합니다.

상태분석표 1

|  | Ted(1) | Tom(2) | Jill(2) | Kim(1) | Ana(1) | Bob(0) | Sue(3) | 완료 |
|---|---|---|---|---|---|---|---|---|
| Ted(1) | 0 | 0 | 1 | 1 | 0 | 0 | 0 | 0 |
| Tom(2) | 0 | 0 | 1 | 0 | 1 | 0 | 0 | 1 |
| Jill(2) | 1 | 0 | 0 | 1 | 1 | 0 | 0 | 0 |
| Kim(1) | 1 | 0 | 1 | 0 | 0 | 0 | 0 | 0 |
| Ana(1) | 0 | 0 | 1 | 0 | 0 | 1 | 0 | 0 |
| Bob(0) | 0 | 0 | 0 | 0 | 0 | 0 | 0 | 1 |
| Sue(3) | 0 | 0 | 1 | 1 | 0 | 1 | 0 | 1 |
| 친구 수 | 2 | 2 | 5 | 3 | 3 | 2 | 3 | 20 |

이상의 분석 결과를 바탕으로 <친구 관계표>를 <상태분석표 1>로 나타내봅시다. 여기에서는 '가로에 있는 사람 → 세로에 있는 사람'일 때만 1을, 나머지는 0을 채웠습니다. 그리고 선물의 개수와 선물을 준 친구의 수가 동일한 경우 완료 표기(1)를 하였습니다. 이때, 대각선(주황색) 칸을 기준으로 대칭관계에 있는 두 개의 칸 사이에는 하나가 1이면, 다른 하나가 0인 관계가 성립한다는 것에 주목해야 합니다. 친구끼리 선물을 주고(1), 받기(0) 때문입니다.

아직 문제가 풀린 것은 아니지만, 7명 중 벌써 3명의 아이의 선물주기가 완료되었습니다. 이제 남은 아이를 보면, Ted는 선물 1개와 친구 2명, Jill은 선물 2개와 친구 3명, Kim은 선물 1개와 친구 2명입니다. 한편, Ana는 선물이 1개이고 친구가 2명이지만, 그중 Bob에게는 반드시 선물을 주어야 하므로 Jill에게는 선물을 줄 수 없습니다. 이를 바탕으로 Ana의 선물주기는 완료되고, 대칭칸(Jill의 5번째 칸)도 채워집니다.

상태분석표 2

|  | Ted(1) | Tom(2) | Jill(2) | Kim(1) | Ana(1) | Bob(0) | Sue(3) | 완료 |
|---|---|---|---|---|---|---|---|---|
| Ted(1) | 0 | 0 | 1 | 1 | 0 | 0 | 0 | 0 |
| Tom(2) | 0 | 0 | 1 | 0 | 1 | 0 | 0 | 1 |
| Jill(2) | 1 | 0 | 0 | 1 | 1 | 0 | 0 | 0 |
| Kim(1) | 1 | 0 | 1 | 0 | 0 | 0 | 0 | 0 |
| Ana(1) | 0 | 0 | 0 | 0 | 0 | 1 | 0 | 1 |
| Bob(0) | 0 | 0 | 0 | 0 | 0 | 0 | 0 | 1 |
| Sue(3) | 0 | 0 | 1 | 1 | 0 | 1 | 0 | 1 |
| 친구 수 | 2 | 2 | 5 | 3 | 3 | 2 | 3 | 20 |

이제 남은 사람은 Ted, Jill, Kim뿐입니다. 즉, 세 사람의 친구 관계를 바탕으로 하는 작은 단위의 선물주기 문제가 성립되는 것이죠. 이때 세 명 모두, 선물은 1개이고 친구는 2명이며, 서로 꼬리를 무는 순환관계를 가집니다. 결국 '선물' 문제의 해결 모델은 다음과 시각화할 수 있습니다.

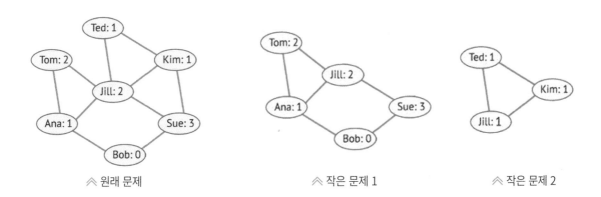

≪ 원래 문제          ≪ 작은 문제 1          ≪ 작은 문제 2

그리고 마지막 <작은 문제 2>에서 다음과 같은 표를 생각해봅시다. <상태분석표 2>에서 선물이 1개이고 친구가 2명인 Ted의 경우, 만일 Jill에게 선물을 준다면, Kim에게는 선물을 줄 수 없습니다. 그리고 그 사실 만으로 Jill과 Kim의 대칭칸 2개가 채워집니다.

상태분석표 3-1

|  | Ted(1) | Jill(1) | Kim(1) |
|---|---|---|---|
| Ted(1) | 0 | 1 | 0 |
| Jill(1) | 0 | 0 | 1 |
| Kim(1) | 1 | 0 | 0 |

상태분석표 3-2

|  | Ted(1) | Jill(1) | Kim(1) |
|---|---|---|---|
| Ted(1) | 0 | 0 | 1 |
| Jill(1) | 1 | 0 | 0 |
| Kim(1) | 0 | 1 | 0 |

그런 다음에는 <상태분석표 3-1>과 같이 Jill과 Kim의 남은 한 칸이 자연스럽게 채워지게 됩니다. <상태분석표 3-2>는 그 반대의 경우로서 Ted가 Jill이 아니라, Kim에게 선물을 주는 상황을 나타낸 것입니다. 따라서 정답은 다음 두 가지 경우입니다.

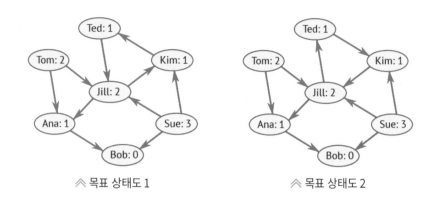

≪ 목표 상태도 1                    ≪ 목표 상태도 2

　모든 문제를 반드시 이렇게 해결해야 하는 것은 아닙니다. 그러나 이러한 방식으로 문제 해결에 필요한 자료를 수집 및 분석하고, 적절하게 시각화하는 것은 복잡한 문제를 해결하는 데 큰 도움이 됩니다.

# 한 걸음 더!

문제 해결을 위한 자료 수집과 자료 분석, 정보의 시각화는 복잡한 문제를 효율적으로 해결하기 위해 필수적인 컴퓨팅 사고 전략입니다. 지금까지의 학습 경험을 바탕으로 비버챌린지의 '댐 거주지의 터널(2017, 스위스)' 문제 해결에 도전해봅시다.

## 문제의 배경

"댐 거주지" 에는 그 안에 있는 4개(A, B, C, F)의 방들을 연결하는 터널들이 있다. 그림과 같이 세 개의 방 A, B, C는 거주 공간이고, 나머지 한 개의 방 F는 먹을 것을 저장하는 방이다.

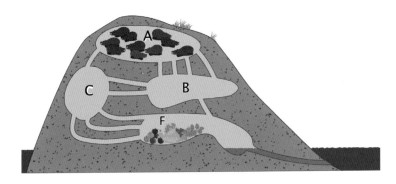

A번방에 있는 10마리의 비버들이 점점 배고파지면서 F번방에 먹을 것을 먹으러 가려고 하고 있다. 비버들은 모두 배고프기 때문에, 각자 모두 최대한 빨리 F번방으로 이동해 가고 싶어 한다. 한 구간의 터널을 이동하는데 1분이 걸리며, 한 번에 1마리의 비버만 그 터널로 이동할 수 있다.(여러 마리가 동시에 줄지어 그 터널을 이동할 수는 없다.)

각 방들을 서로 연결하는 터널의 개수는 다음과 같다.

- A방 - B방: 4개
- A방 - C방: 1개
- B방 - C방: 2개
- B방 - F방: 1개
- C방 - F방: 3개

방의 크기는 충분히 크기 때문에, 모든 비버들이 동시에 들어가 있을 수 있다.

## 문제/도전

모든 비버들을 음식물 저장소(F)로 이동시킬 수 있는 가장 빠른 시간(분)은 얼마일까?

A) 4             B) 5             C) 6             D) 7

# 스스로 평가하기

| 평가문항 | 매우 우수 | 우수 | 보통 |
|---|---|---|---|
| 비버챌린지 문제 해결을 위해 자료를 분석할 수 있나요? | | | |
| 비버챌린지 문제 해결을 위해 자료 분석 결과를 시각화할 수 있나요? | | | |
| 비버챌린지 문제 해결을 위해 문제 해결 모델을 설계할 수 있나요? | | | |

# 4장

## 공 굴리기

**학습내용**    자료 구조, 배열

**학습목표**    – 동일한 정보가 다양한 방법으로 디지털로 변환되어 표현될 수 있음을 이해하고 정보 활용 목적에 따라 보다 효율적인 방법을 선택한다.

              – 배열의 개념을 이해하고 배열을 활용한 프로그램을 작성한다.

# 4장

## 공 굴리기

# 생각열기

여러분은 식당이나 커피숍에서 많은 개수의 종이컵을 효율적으로 보관하고 사용하기 위해 종이컵을 겹쳐서 쌓아둔 모습을 본 적이 있나요? 종이컵을 사용하는 형태는 아래 그림과 같이 보통 두 가지 형태일 것입니다.

• 공통점
① 종이컵이 한 줄로 쌓여있다.
② 중간 위치에서 종이컵을 추가하거나 빼내지 않는다.

• 차이점: 종이컵을 추가하거나 빼내는 것이 한쪽 끝에서만 이루어지거나 양쪽 끝에서 이루어지는 방식에서 차이가 있다.

≪ 두 종이컵 보관 방식은 어떤 공통점과 차이점이 있을까?

이와 같이 같은 물건이라도 그것을 보관하고 꺼내 쓰는 규칙을 달리하여 상황에 맞게 사용할 수 있습니다. 이번 챕터에서는 비버챌린지의 '공 굴리기' 문제를 통해 '자료 구조'에 대해 살펴보고, 이를 활용하여 문제를 해결하기 위한 '알고리즘 설계와 프로그래밍' 방법에 대해 학습해 보겠습니다.

• 종이컵 보관 장소에 종이컵을 추가하는 것을 '입력', 종이컵을 꺼내는 것을 '출력'이라고 표현하였다.

생각열기의 두 종이컵 보관 방식을 아래와 같이 단순화하여 특징을 좀 더 자세히 살펴봅시다.

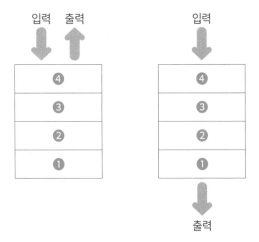

공통적인 특징으로는 두 가지 방식 모두 종이컵이 한 줄로 모여 있다는 것입니다. 즉, 어떤 종이컵 다음에 오는 종이컵은 단 하나뿐입니다. 차이점으로는 종이컵이 보관함에서 꺼내지는 순서가 다르다는 것입니다. 사실 종이컵의 경우에는 어떤 종이컵이 먼저 사용되더라도 별 상관이 없을 것입니다. 그러나 아래의 경우를 한번 볼까요?

위의 그림은 Ctrl+Z입니다. 많은 컴퓨터 프로그램에서 Ctrl+Z는 '실행 취소' 기능을 가집니다. 그런데 어떻게 작업이 이전 단계로 되돌려지는 것일까요? 그것은 바로 여러분이 수행하는 작업이 일정 개수만큼 어느 기억공간에 차례대로 저장되었다가 실행 취소 명령을 내릴 때마다 가장 마지막 작업부터 취소하고 이전 작업으로 되돌아가도록 프로그래밍되어 있기 때문입니다. 인터넷 서핑을 하다가 '뒤로'

버튼을 누를 때마다 이전 페이지로 한 단계씩 이동하는 것도 마찬가지 원리입니다. 생각열기의 왼쪽 그림에서 종이컵이 A, B, C 순으로 쌓였다가 C, B, A 순으로 사용되는 것과 같습니다. 이처럼 자료가 한 줄 형태로 저장되고, 저장 공간에 삽입된 순서의 역순으로 저장 공간에서 삭제되는 구조를 스택(stack)이라고 합니다.

스택: 후입선출(Last In First Out)의 선형 자료 구조이다.

위의 그림은 프린터입니다. 여러 사람이 공용으로 사용하는 프린터가 있다고 가정해봅시다. 사람들이 각자의 컴퓨터에서 프린트 명령을 내리면 어떻게 될까요? 프린터는 동시에 여러 건의 작업을 처리할 수 없으므로 요청된 시간 순으로 작업을 기억해두었다가 그 순서대로 출력합니다. 즉, 먼저 요청된 작업이 먼저 처리되는 것이지요. 은행에서 번호표를 뽑은 순서대로 업무를 볼 수 있도록 정해져 있는 것과 비슷합니다. 생각열기의 오른쪽 그림에서 종이컵이 A, B, C 순으로 쌓이고 A, B, C 순으로 사용되는 것과도 같습니다. 이처럼 자료가 한 줄 형태로 저장되고, 저장 공간에 삽입된 순서와 같은 순서로 저장 공간에서 삭제되는 구조를 큐(queue)라고 합니다.

큐: 선입선출(First In First Out)의 선형 자료 구조이다.

# 도전! 비버챌린지

※ 비버챌린지의 '공 굴리기(2017, 세르비아)' 문제를 해결해봅시다.

**문제의 배경**

번호가 적힌 공들이 경사로를 따라 굴러 가면, 경사로 중간에 있는 구멍에 공이 들어갈 때마다 순서가 바뀌게 된다. 공은 구멍에 빈 공간이 있으면 구멍 안으로 굴러 들어가고, 없으면 그대로 지나쳐 굴러간다. 각 구멍에 설치된 핀을 당기면 구멍 안에 들어있는 공들을 들어간 순서와 반대로 모두 차례대로 꺼낼 수 있다. 아래 그림은 하나의 예를 나타낸 것이다.

| 5개의 공이 경사로에 놓인 상태 | 경사로에 놓인 공이 모두 바닥까지 굴러간 상태 | 핀을 당겨 구멍 밖으로 나온 공이 모두 바닥까지 굴러간 상태 |

오른쪽 그림과 같이 10개의 공이 경사로를 따라 굴러간다. 경사로에는 3개의 구멍 A, B, C가 있으며, 각각 3개, 2개, 1개의 공이 들어갈 만한 공간을 가지고 있다. 공들이 전부 굴러간 다음, A, B, C 순서대로 핀을 당겨 구멍에 들어 있는 공들을 모두 꺼낸다.

**문제/도전**

다음 중 최종 결과는 어느 것인지 보기에서 고르시오.

A) 7 8 9 10 1 2 3 4 5 6

B) 7 8 9 10 1 2 3 5 4 6

C) 10 9 8 7 6 5 4 3 2 1

D) 7 8 9 10 3 2 1 5 4 6

# 컴퓨팅 사고력 키우기

'공 굴리기' 문제를 어떻게 해결할 수 있을까요?

이 문제의 현재 상태는 경사로 위에서 10개의 공이 줄지어 있는 상태이며, 목표 상태는 모든 공이 경사로 아래로 굴러 내려온 상태입니다.

이 문제를 해결하는데 필요한 필수적인 요소는 공의 개수, 공이 내려오는 순서, 경사로 위의 구멍 개수, 각 구멍의 깊이, 구멍의 핀을 뽑는 순서일 것입니다.

• 문제 상황을 파악하고 문제를 해결하는데 필요한 요소를 추출한다.

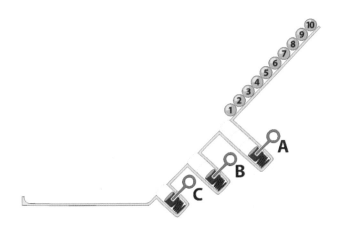

위 그림을 보면 공은 모두 10개이며, 1번 공부터 10번 공까지 번호순으로 내려옵니다. 경사로 위의 구멍은 세 개이며, 각 구멍 A, B, C의 깊이는 3, 2, 1입니다. 그리고 공이 굴러 내려간 후 핀을 뽑는 순서는 A, B, C 순입니다.

과연 경사로 아래에 어떤 순서대로 공이 나열될까요? 공이 내려오는 과정을 단계별로 살펴봅시다. 먼저, 구멍 A에 1번, 2번, 3번 공이 차례대로 빠질 것입니다. 그런 다음 구멍 B에 4번, 5번 공이 빠지고, 이어서 구멍 C에 6번 공이 빠질 것입니다. 그리고 나머지 7번, 8번, 9번, 10번은 경사로 아래까지 그대로 굴러가겠지요.

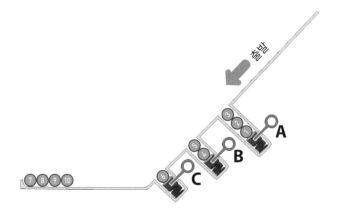

이제는 핀을 뽑을 차례입니다. 구멍 A, B, C의 핀을 순서대로 당기게 되는데 먼저 구멍 A의 핀을 당기면 다음과 같은 상태가 될 것입니다.

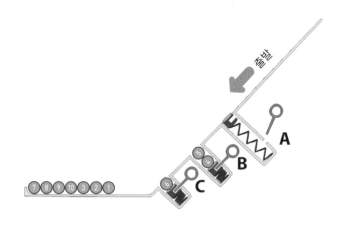

구멍 B의 핀을 당기면 다음과 같은 상태가 됩니다.

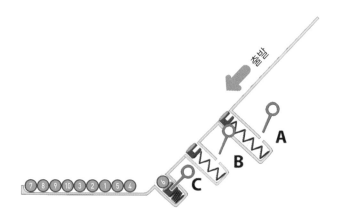

마지막으로 구멍 C의 핀을 당기면 최종적으로 다음과 같은 상태가 됩니다.

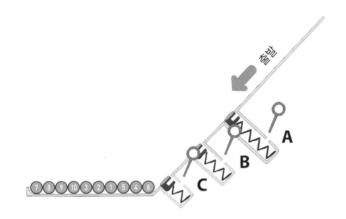

위의 문제 상황에서 각 구멍은 자료 구조의 하나인 스택(stack)과 같은 역할을 합니다. 스택에 저장된 데이터는 가장 나중에 들어간 것이 제일 먼저 나오는 후입 선출(Last In First Out, LIFO) 방식으로 사용됩니다. 즉, 구멍에 가장 마지막에 굴러 들어간 공이 나올 때는 제일 먼저 나오게 됩니다. 이러한 스택의 방식은 다양한 상황에서 매우 유용하게 사용될 수 있습니다.

컴퓨팅 사고력 키우기에서 살펴본 문제 해결 절차를 프로그램으로 구현해 봅시다.

다음은 구멍에 공이 채워지는 과정과 구멍에서 공이 튀어나가는 과정, 그리고 결과를 출력하는 과정 각각을 모듈화한 C언어 프로그램입니다. 프로그램을 작성하고 실행해봅시다.

| 줄번호 | 소스코드 |
|---|---|
| 01 | #include <stdio.h> |
| 02 | |
| 03 | int ball[10]={1,2,3,4,5,6,7,8,9,10}, ball_num=10, ball_idx; |
| 04 | int hole[3][3], hsize[3]={3,2,1}; |
| 05 | int ans[10], ans_idx; |
| 06 | |
| 07 | void push(int k, int n){ |
| 08 |   for(int i=0; i<n; i++){ |
| 09 |     hole[k][i]=ball[ball_idx++]; |
| 10 |   } |
| 11 | } |
| 12 | void pop(int k, int n){ |
| 13 |   while(ball_idx<ball_num){ |
| 14 |     ans[ans_idx++]=ball[ball_idx++]; |
| 15 |   } |
| 16 |   for(int i=n−1; i>=0; i−−){ |
| 17 |     ans[ans_idx++]=hole[k][i]; |
| 18 |   } |
| 19 | } |
| 20 | void print(){ |
| 21 |   printf("<경사로를 굴러 내려온 공의 순서>\n"); |
| 22 |   for(int i=0; i<ans_idx; i++){ |
| 23 |     printf("%d ", ans[i]); |
| 24 |   } |
| 25 | } |
| 26 | |
| 27 | int main(){ |
| 28 |   for(int i=0; i<3; i++){ |
| 29 |     push(i, hsize[i]); |
| 30 |   } |
| 31 |   for(int i=0; i<3; i++){ |
| 32 |     pop(i, hsize[i]); |

| | |
|---|---|
| 33 |       } |
| 34 |     } |
| 35 |     print(); |
| 36 |     return 0; |
| 37 | } |

| 줄번호 | 코드 설명 |
|---|---|
| 3 | 경사로에 굴려 보낼 공의 번호와 순서를 나타내기 위한 배열 ball[]을 선언합니다. ball_num 변수는 공의 개수를 저장하고, ball_idx 변수는 굴려 내려간 공을 나타내기 위해 배열 ball[]의 인덱스 번호를 저장합니다. |
| 4 | hole[][]이라는 2차원 배열은 깊이가 서로 다른 세 개의 구멍을 의미합니다. 이 문제에서 제시된 구멍 A, B, C의 깊이는 hsize[] 배열에 차례로 저장합니다. |
| 5 | 정답(경사로 아래에 나열된 공의 순서)을 저장하기 위한 배열 ans[]를 선언합니다. ans_idx 변수는 ans[] 배열에 공 번호를 채워나갈 때 사용할 인덱스를 저장합니다. |
| 7~11 | push(int k, int n) 함수는 k번째 구멍에 n개의 공이 차례로 들어가는 것을 처리하는 함수입니다. 이때 n은 k번째 구멍의 깊이입니다. 예를 들어 push(1, 2)가 실행되었고, ball_idx가 4번 공의 위치를 가리키고 있었다면 hole[][] 배열이 다음과 같이 채워집니다. 그리고 ball_idx도 그만큼 증가하여 다음 번 출발할 공의 위치를 가리키게 됩니다.<br><br> |
| 12~19 | pop(int k, int n) 함수는 k번째 구멍에서 n개의 공이 빠져나와 굴러가는 것을 처리합니다. 먼저 출발한 공들이 차례로 구멍을 다 채운 뒤에 내려오는 공들은 그대로 굴러내려 갈 것이기 때문에 ans[] 배열에 순서대로 채워줍니다. 그 다음에 k번째 구멍에서 나오는 공들을 순서대로 ans[] 배열에 채워줍니다. 이때 구멍에 들어간 순서의 역순으로 채워야 된다는 것이 포인트입니다. 예를 들어 pop(1, 2)가 실행되었다면 ans[] 배열이 다음과 같이 채워집니다. 그리고 ans_idx도 그만큼 증가하여 다음 번 공이 채워질 위치를 가리키게 됩니다.<br><br>(그림) |
| 20~25<br>27~37 | print() 함수는 ans[] 배열에 채워진 값(공 번호)을 차례로 출력합니다.<br>main() 함수에서는 세 개의 구멍에 공이 차례로 채워지는 과정을 push() 함수를 반복 실행하여 처리하고, 다시 세 개의 구멍에서 공이 차례로 빠져나오는 과정을 pop() 함수를 반복 실행하여 처리합니다. 그 다음 경사로 아래에 나열된 공의 순서대로 공 번호를 출력하는 print() 함수를 호출합니다. |

앞의 프로그램에서는 구멍에 나중에 들어간 공이 먼저 빠져나가는 후입선출 방식을 배열로 구현하였습니다. 즉, hole[][] 배열에 공 번호 값을 저장할 때는 앞쪽 인덱스 위치부터 채워나갔고, hole[][] 배열에 저장된 공 번호 값을 출력할 때는 뒤쪽 인덱스 위치부터 출력하였습니다.

• 꼭 도전해 보세요. '한 걸음 더!' 나아갈 수 있습니다.

'공 굴리기' 문제의 조건(공의 개수, 구멍의 개수, 각 구멍의 깊이 등)을 변경하여 새로운 문제를 만들어보고, 이를 해결하는 프로그램을 작성해봅시다.

# 스스로 평가하기

| 평가문항 | 매우 우수 | 우수 | 보통 |
|---|---|---|---|
| 비버챌린지 문제 해결을 위해 문제를 분석하고 핵심요소를 추출할 수 있나요? | | | |
| 비버챌린지 문제 해결을 위해 알고리즘을 설계·적용할 수 있나요? | | | |
| 비버챌린지 문제를 수정하고 프로그래밍을 통해 해결할 수 있나요? | | | |

# 파이선 코드

※ 다음은 앞서 58~59페이지에 제시한 C언어 프로그램을 파이선으로 작성한 것입니다. 파이선에 익숙하다면 아래 코드를 참고하세요.

| 줄번호 | 소스코드 |
|---|---|
| 01 | ball=[1,2,3,4,5,6,7,8,9,10] |
| 02 | ball_num=10 |
| 03 | ball_idx=0 |
| 04 | hole=[[0,0,0],[0,0,0],[0,0,0]] |
| 05 | hsize=[3,2,1] |
| 06 | ans=[0,0,0,0,0,0,0,0,0,0] |
| 07 | ans_idx=0 |
| 08 | |
| 09 | def push(k, n): |
| 10 |   for i in range(n): |
| 11 |     global ball_idx |
| 12 |     hole[k][i]=ball[ball_idx] |
| 13 |     ball_idx+=1 |
| 14 | |
| 15 | def pop(k, n): |
| 16 |   global ball_num |
| 17 |   global ball_idx |
| 18 |   global ans_idx |
| 19 |   while ball_idx<ball_num : |
| 20 |     ans[ans_idx]=ball[ball_idx] |
| 21 |     ball_idx+=1 |
| 22 |     ans_idx+=1 |
| 23 |   for i in range(n–1,–1,–1): |
| 24 |     ans[ans_idx]=hole[k][i] |
| 25 |     ans_idx+=1 |
| 26 | |
| 27 | def Print(): |
| 28 |   print("<경사로를 굴러 내려온 공의 순서>") |
| 29 |   print(ans) |
| 30 | |
| 31 | for i in range(3): |
| 32 |   push(i,hsize[i]) |
| 33 | |
| 34 | for i in range(3): |
| 35 |   pop(i,hsize[i]) |
| 36 | |
| 37 | Print() |

# 5장

# 외계인 돌연변이

**학습내용**  함수

**학습목표**  – 함수의 개념을 이해하고 함수를 활용한 프로그램을 작성한다.

– 다양한 학문 분야의 문제 해결을 위한 알고리즘을 협력하여 설계
한다.

– 다양한 학문 분야의 문제 해결을 위해 설계한 알고리즘을 프로그
램으로 구현하고 효율성을 비교·분석한다.

# 5장

## 외계인 돌연변이

# 생각열기

게임을 할 때 키보드의 특정 키를 누르면 지정된 기능들이 수행되는 것을 아시나요? 이것은 특정 키가 눌렸을 때 수행해야 할 명령들을 미리 지정해 놓았기 때문입니다.

마우스 사용키          키보드 사용키

≪ ○○게임 조작키

이와 같이 특정 상황에서 수행해야 할 작업을 미리 지정해 놓고 필요할 때마다 불러서 사용한다면 매우 편리하겠죠? 이렇게 한 번에 수행되어야 할 명령의 묶음을 함수라고 합니다.

이번 챕터에서는 비버챌린지의 '외계인 돌연변이' 문제를 통해 함수를 적용하고 수행 결과를 분석하는 방법을 학습해 보겠습니다.

유용한 윈도우 단축키
- 윈도우 키 + 왼쪽 방향키(또는 오른쪽): 화면을 절반으로 나누기
- 윈도우 키 + Tab(탭키) : 모든 가상 데스크톱과 동작 확인
- 윈도우 키 + Shift + S: 화면 캡처
- 윈도우 키 + D: 모든 창 최소화

함수(function): 미리 정의한 명령어들을 수행하는 작은 단위의 프로그램이다.

• 함수의 장점
  - 프로그램 설계의 용이성
  - 프로그램 코드의 가독성
  - 프로그램 코드의 재사용성

수학과 프로그래밍 언어에서의 함수의 차이점: 수학에서는 함수가 정의되면 주어진 입력에 대한 특정 계산 결과를 알려주지만, 프로그래밍 언어에서는 특정 기능만 하고 결과를 알려줄 수도 있고, 그렇지 않을 수도 있다.

함수는 어떤 상황에 필요한 작업을 하나로 묶어 미리 정의해두고, 필요할 때마다 편리하게 불러 사용할 수 있도록 만든 프로그램 모듈로, 작은 단위의 프로그램이라고 할 수 있습니다. 시스템에 의해 정의된 함수도 있지만, 함수를 직접 만들 수도 있습니다.

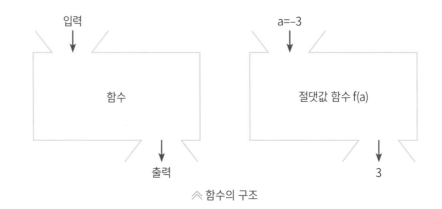

≫ 함수의 구조

예를 들어, 절댓값을 구하는 작업을 여러 번 수행할 가능성이 있다고 할 때, 다음과 같이 절댓값을 구하는 함수를 미리 정의한 후에 필요할 때마다 함수를 호출할 수 있습니다. 또한 해당 모듈의 사용이 빈번할수록 함수를 사용하지 않고, 프로그램을 작성한 것에 비해 프로그램의 길이도 짧아지게 됩니다.

프로그램 실행 예시
• 입력
  예) 3 – 17 – 1280

• 출력
  결과) 3 17 1280

```c
#include <stdio.h>

int main()
{
    int a, b, c;
    scanf("%d %d %d", &a, &b, &c);
    if(a>0) printf("%d ", a);
    else  printf("%d ", –a);
    if(b>0) printf("%d ", b);
    else  printf("%d ", –b);
    if(c>0) printf("%d", c);
    else  printf("%d", –c);
}
```

```c
#include <stdio.h>

int f(int a)
{
    if(a>0) return a;
    else return –a;
}

int main()
{
    int a, b, c;
    scanf("%d %d %d", &a, &b, &c);
    printf("%d %d %d", f(a), f(b), f(c));
}
```

≫ 절댓값 계산: 함수 사용 안 함          ≫ 절댓값 계산: 함수 사용함

함수를 사용하면 프로그램이 모듈 단위로 작성되기 때문에 가독성이 높아집니다. 그리고 디버깅을 하기에도 편해집니다. 해당 모듈(함수)만 수정하면 되기 때문이죠. 결과적으로 더 좋은 프로그램을 더 쉽게 만들 수 있게 되는 것입니다.

**코더와 프로그래머의 차이:** 프로그램을 개발하는 것은 단순히 소스 코드를 작성하는 것(코더)에 그치지 않고, 주어진 문제를 분석하여 효율적인 알고리즘을 설계하고, 프로그램을 작성하며, 이후에도 수정하거나 업그레이드를 하는 것(프로그래머)을 총칭하는 것이다.

⟰ 프로그래머의 진화? 프로그램을 모듈화하라!

# 도전! 비버챌린지

※ 비버챌린지의 '외계인 돌연변이(2018, 터키)' 문제를 해결해봅시다.

### 문제의 배경

어떤 외계인의 몸은 머리, 몸, 2개의 팔, 2개의 다리로 구성된다. 그 외계인은 다음과 같은 돌연변이 명령에 따라 모습이 변형된다. 몸의 각 부분은 2번 이상 돌연변이 될 수 있다.

돌연변이 명령

| H(C) : 머리를 ⬤ 로 변형 | H(S) : 머리를 ▢ 로 변형 | H(T) : 머리를 ◖ 로 변형 |
|---|---|---|
| B(C) : 몸을 ⬯ 로 변형 | B(S) : 몸을 ▽ 로 변형 | B(T) : 몸을 △ 로 변형 |
| A(+) : 팔을 길게 ∿ 로 변형 | A(−) : 팔을 짧게 ♣ 로 변형 | |
| L(+) : 다리를 길게 ┗ 로 변형 | L(−) : 다리를 짧게 ┗ 로 변형 | |

예를 들어, H(S), B(S), A(-), L(-) 명령을 순서대로 실행하면, 다음과 같이 변형된다. :

### 문제/도전

다음과 같은 돌연변이 명령을 순서대로 실행하면, 어떤 모습의 외계인이 될까?

$$H(T), L(+), B(T), A(+), H(C), A(-), B(C)$$

A)

B)

C)

D)

# 컴퓨팅 사고력 키우기

'외계인 돌연변이' 문제를 어떻게 해결할 수 있을까요?

이 문제의 현재 상태는 외계인의 모습이 변형되지 않은 상태이며, 목표 상태는 주어진 돌연변이 명령을 순서대로 실행함에 따라 외계인 모습이 변형된 상태입니다.

이 문제 해결을 위한 핵심요소는 외계인의 신체 기관과 이를 변형시키는 명령의 종류입니다. 외계인의 신체 기관은 머리, 몸, 2개의 팔, 2개의 다리로 구성되므로 현재 상태를 다음과 같이 표현할 수 있습니다.

**상태분석표**

| 상태 | 머리 | 몸 | 팔 | 다리 |
|------|------|------|------|------|
| 현재 | – | – | – | – |

상태분석표: 문제를 해결하기 위해 현재 상태에서 목표 상태로 자료, 요소들이 변하는 과정을 표형태로 표현한 것이다.

또한, 돌연변이 명령은 모두 10가지이지만, 기능(변형하는 기관)에 따라 4종류로 나눌 수 있습니다. 그리고 4종류의 기능은 입력 값에 따라 미리 정의된 명령을 처리하는 함수입니다.

**함수와 명령**

| 함수 | 기능 | 입력 | 명령 | 출력 |
|------|------|------|------|------|
| H( ) | 머리를 변형 | C | H(C) | |
| | | S | H(S) | |
| | | T | H(T) | |
| B( ) | 몸을 변형 | C | B(C) | |
| | | S | B(S) | |
| | | T | B(T) | |

함수의 이름: 함수는 어떤 기능을 수행하는 것으로 함수 이름을 작성할 때 기능과 관련하여 짓는 것이 좋다.

• 왼쪽 함수에서는
 – H: Head
 – B: Body
 – A: Arm
 – L: Leg
를 의미한다.

| 함수 | 기능 | 입력 | 명령 | 출력 |
|------|------|------|------|------|
| A( ) | 팔을 변형 | + | A(+) | |
| | | − | A(−) | |
| L( ) | 다리를 변형 | + | L(+) | |
| | | − | L(−) | |

위의 명령들은 현재 외계인의 모습이 어떤지와 상관없이, 출력 칸에 있는 모습으로 변형시키는 역할을 하도록 미리 정의된 것입니다. 이제 주어진 6개의 명령을 순서대로 적용하면서 상태분석표를 수정해봅시다.

첫 번째는 H(T)입니다. 따라서 머리가 로 변형됩니다.

두 번째는 L(+)입니다. 따라서 다리가 로 변형됩니다.

세 번째는 B(T)입니다. 따라서 몸이 로 변형됩니다.

네 번째는 H(C)입니다. 따라서 머리가 로 변형됩니다.

다섯 번째는 A(−)입니다. 따라서 팔이 로 변형됩니다.

마지막으로 B(C)입니다. 따라서 몸이 로 변형됩니다.

그리고 이상의 과정을 정리하면 <최종: 상태분석표>와 같습니다.

**최종: 상태분석표**

| 상태 | 머리 | 몸 | 팔 | 다리 |
|---|---|---|---|---|
| 1 | ◠ | - | - | - |
| 2 | ◠ | - | - | L |
| 3 | ◠ | ▲ | - | L |
| 4 | ◉ | ▲ | - | L |
| 5 | ◉ | ▲ | ◀ | L |
| 6 | ◉ | ● | ◀ | L |
| 최종 | ◉ | ● | ◀ | L |

그리고 최종 상태를 조합하면 B(  )가 정답임을 알 수 있습니다.

# 한 걸음 더!

외계인 돌연변이 문제를 프로그래밍을 통해 해결해봅시다.

앞서 살펴본 <최종 : 상태분석표>와 같이 새로운 명령을 처리할 때마다 신체 기관(머리, 몸, 팔, 다리)의 상태를 출력하는 프로그램을 작성해봅시다. 이를 위해서는 함수 정의, 매개변수 선언, 함수 호출이 필요합니다. '외계인 돌연변이' 문제에서는 H(), B(), A(), L() 함수를 정의하여 호출한 것이고, H() 함수에 전달된 매개변수의 값이 'C'인지, 'S'인지, 'T'인지 확인하여 머리의 모양을 변형하게 되는 것입니다.

다음은 이를 구현한 C언어 프로그램입니다. 프로그램을 작성하고 실행해봅시다.

| 줄번호 | 소스코드 |
|---|---|
| 01 | #include <stdio.h> |
| 02 | char arr[4]; |
| 03 | void result() |
| 04 | { |
| 05 |   int i; |
| 06 |   for(i=0; i<4; i++) |
| 07 |   { |
| 08 |    if(arr[i]=='C') printf("원\t"); |
| 09 |    else if(arr[i]=='S') printf("네모\t"); |
| 10 |    else if(arr[i]=='T') printf("세모\t"); |
| 11 |    else if(arr[i]=='+') printf("길게\t"); |
| 12 |    else if(arr[i]=='-') printf("짧게\t"); |
| 13 |    else printf("*\t"); |
| 14 |   } |
| 15 |   printf("\n"); |
| 16 | } |
| 17 | void H(char h) |
| 18 | { |
| 19 |   arr[0]=h; |
| 20 |   result(); |
| 21 | } |
| 22 | void B(char b) |
| 23 | { |
| 24 |   arr[1]=b; |

```
25        result();
26    }
27    void A(char a)
28    {
29        arr[2]=a;
30        result();
31    }
32    void L(char l)
33    {
34        arr[3]=l;
35        result();
36    }
37    int main()
38    {
39        printf("머리\t몸\t팔\t다리\n");
40        printf("---------------------------\n");
41        H('T'), L('+'), B('T'), H('C'), A('-'), B('C');
42        return 0;
43    }
```

| 줄번호 | 코드 설명 |
|---|---|
| 02 | 머리, 몸, 팔, 다리의 현재 상태를 저장하기 위한 문자(char) 배열 arr[4]를 선언합니다. |
| 03~16 | 각 기관의 현재 상태를 출력하기 위한 함수 result()를 정의합니다. arr[] 배열에 저장된 값을 검사하고, 그에 알맞은 문자(원, 네모, 세모, 길게, 짧게)를 출력합니다. |
| 17~21 | 머리 상태를 변경하는 함수 H()를 정의합니다. 이때 매개변수 h를 통해 함수 호출부(41번 줄)에서 보낸 값(H('T')의 'T', H('C')의'C')을 차례로 전달받고(17번 줄), arr[0]에 저장(19번 줄)합니다. 그리고 현재 상태를 출력하기 위해 result() 함수를 호출(20번 줄)합니다. |
| 22~26 | 몸 상태를 변경하는 함수 B()를 정의합니다. 이때 매개변수 b를 통해 함수 호출부(41번 줄)에서 보낸 값(B('T')의 'T', B('C')의'C')을 차례로 전달받고(22번 줄), arr[1]에 저장(24번 줄)합니다. 그리고 현재 상태를 출력하기 위해 result() 함수를 호출(25번 줄)합니다. |
| 27~31 | 팔 상태를 변경하는 함수 A()를 정의합니다. 이때 매개변수 a를 통해 함수 호출부(41번 줄)에서 보낸 값(A('-')의'-')을 차례로 전달받고(27번 줄), arr[2]에 저장(29번 줄)합니다. 그리고 현재 상태를 출력하기 위해 result() 함수를 호출(30번 줄)합니다. |
| 32~36 | 다리 상태를 변경하는 함수 L()을 정의합니다. 이때 매개변수 l을 통해 함수 호출부(41번 줄)에서 보낸 값(L('+')의 '+'을 차례로 전달받고(32번 줄), arr[3]에 저장(34번 줄)합니다. 그리고 현재 상태를 출력하기 위해 result() 함수를 호출(35번 줄)합니다. |
| 37~43 | 서식을 출력하고 함수를 호출하기 위한 main() 함수를 정의합니다. 본 프로그램의 주요 부분을 H(), B(), A(), L(), result() 함수로 모듈화하였기 때문에 main() 함수는 간단하게 정의될 수 있습니다. |

앞의 프로그램을 실행하면 <최종: 상태분석표>가 출력되는 것을 알 수 있습니다. 이와 같이 함수를 사용하면 프로그램을 모듈화할 수 있으므로, 프로그램의 작성과 수정이 간편해집니다. 그리고 함수 호출부(41번 줄)의 명령을 지금보다 더 늘리더라도 전체 프로그램의 길이에는 큰 변화가 없습니다. 따라서 함수를 사용하면 프로그램의 길이도 줄일 수 있는 것입니다.

단, 함수를 호출할 때에는 호출되는 함수가 앞서 정의되어 있어야 한다는 것에 주의하세요. 그것이 result() 함수가 다른 함수보다 먼저 정의된 이유입니다. 같은 이유로 H(), B(), A(), L() 함수가 main() 함수보다 먼저 정의된 것입니다.

• 꼭 도전해 보세요. '한 걸음 더!' 나아갈 수 있습니다.

마지막으로 '외계인 돌연변이' 문제의 조건(명령의 종류와 개수 등)을 변경하여 새로운 문제를 만들어보고, 이를 해결하는 프로그램을 작성해봅시다.

# 스스로 평가하기

| 평가문항 | 매우 우수 | 우수 | 보통 |
|---|---|---|---|
| 비버챌린지 문제 해결을 위해 함수를 적용하고 수행결과를 분석할 수 있나요? | | | |
| 비버챌린지 문제 해결을 위해 알고리즘을 설계·적용할 수 있나요? | | | |
| 비버챌린지 문제를 수정하고 프로그래밍을 통해 해결할 수 있나요? | | | |

# 파이썬 코드

※ 다음은 앞서 72~73페이지에 제시한 C언어 프로그램을 파이썬으로 작성한 것 입니다. 파이썬에 익숙하다면 아래 코드를 참고하세요.

| 줄번호 | 소스코드 |
|---|---|
| 01 | arr=[0,0,0,0] |
| 02 | def result(): |
| 03 |   for i in range(4): |
| 04 |     if arr[i]=='C' : |
| 05 |       print("원", end="\t") |
| 06 |     elif arr[i]=='S' : |
| 07 |       print("네모", end='\t') |
| 08 |     elif arr[i]=='T' : |
| 09 |       print("세모", end='\t') |
| 10 |     elif arr[i]=='+' : |
| 11 |       print("길게", end='\t') |
| 12 |     elif arr[i]=='-' : |
| 13 |       print("짧게", end='\t') |
| 14 |     else : |
| 15 |       print("*", end='\t') |
| 16 |   print('') |
| 17 | |
| 18 | def H(h): |
| 19 |   arr[0]=h |
| 20 |   result() |
| 21 | |
| 22 | def B(b): |
| 23 |   arr[1]=b |
| 24 |   result() |
| 25 | |
| 26 | def A(a): |
| 27 |   arr[2]=a |
| 28 |   result() |
| 29 | |
| 30 | def L(l): |
| 31 |   arr[3]=l |
| 32 |   result() |
| 33 | |
| 34 | print("머리",end='\t') |
| 35 | print("몸",end='\t') |
| 36 | print("팔",end='\t') |
| 37 | print("다리") |
| 38 | print("---------------------------") |
| 39 | H('T'), L('+'), B('T'), H('C'), A('-'), B('C') |

# 6장

# 아이콘 이미지 압축하기

# 6장

## 아이콘 이미지 압축하기

# 생각열기

여러분은 프랙털(fractal)이라는 말을 들어본 적이 있나요? 프랙털이란 작은 부분이 전체와 유사한 기하학적 형태를 뜻하는 용어입니다. 아래 그림은 유명한 프랙털 도형으로 시어핀스키 삼각형(Sierpiński triangle)입니다.

프랙털: 자기유사성과 순환성이라는 특징을 가진다. 즉, 비슷한 모양과 구조가 반복적으로 나타난다.

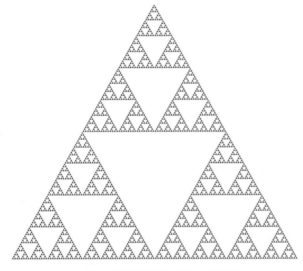

≪ 이런 모양은 어떻게 만들 수 있을까?

그림을 자세히 들여다보면 전체 삼각형의 모습과 그 안의 작은 삼각형들의 모습이 닮아있으며 점점 작아지면서 무한히 반복되는 패턴이 보입니다.

이번 챕터에서는 비버챌린지의 '아이콘 이미지 압축하기' 문제를 통해 어떤 문제 상황을 그보다 작은 같은 형태의 문제 상황으로 재표현함으로써 전체 문제와 부분 문제 간의 관계를 찾아 해결하는 '재귀적 관계'를 이용한 알고리즘 설계와 프로그래밍 방법에 대해 학습해 보겠습니다.

재귀(recursion): 자기 자신을 이용하여 자신을 정의하는 방식이다. 오픈소스 운영체제인 리눅스(LINUX: Linux is not Unix)는 재미있는 재귀적 이름으로 유명하다.

어떤 문제가, 전체 문제를 몇 개의 작은 문제로 나눌 수 있고, 원래 문제와 나누어진 작은 문제를 같은 방법으로 해결할 수 있으며, 작은 문제의 답을 이용하여 원래 문제의 답을 구할 수 있을 때 우리는 전체 문제와 부분 문제 간의 관계를 이용하여 문제를 해결할 수 있습니다.

앞서 제시된 시어핀스키 삼각형을 그리는 방법에 대해 살펴봅시다.

• 시어핀스키 삼각형을 그리는 방법을 응용하여 새로운 프랙털 도형을 그리는 절차를 만들어보자.

• 1단계. 검은색 정삼각형 하나를 그린다.
• 2단계. 정삼각형의 세 변의 중점을 연결하여 정삼각형을 만들고 원래의 정삼각형에서 그 부분을 제거한다.
• 3단계. 남은 세 개의 정삼각형들에 대해서도 2단계를 실행한다.
• 4단계. 3단계를 무한히 반복한다.

위와 같이 우리는 어떤 복잡한 문제를 해결하기 위해 전체 문제를 작은 부분 문제들로 나눌 수 있는 데 이것을 문제 분해라고 합니다.

또한 전체 문제와 분해된 문제들 사이의 관계를 찾아 그 구조를 논리적이고 명확하게 표현하는 것을 관계 정의라고 합니다.

점화식: 수열에서 인접한 항 사이의 관계를 나타낸 식을 말한다.

만약 전체 문제와 부분 문제가 닮은꼴이어서 그 관계가 재귀적으로 정의된다면 이를 점화식으로 표현하여 알고리즘을 설계할 수 있으며, 프로그래밍을 통해 효율적으로 구현할 수 있습니다.

# 도전! 비버챌린지

※ 비버챌린지의 '아이콘 이미지 압축하기(2017, 한국)' 문제를 해결해봅시다.

**문제의 배경**

가로 4칸, 세로 4칸(4×4)에 흑백 사각형(픽셀)으로 채워진 이미지에서 흰색 픽셀은 "1"로, 검정 픽셀은 "0"으로 표현할 수 있으므로, 이진수를 사용하여 저장할 수 있다. 4×4 이미지의 경우, 저장하는데 16개의 숫자를 사용해야 하는데, 다음과 같은 이미지 압축 방법을 사용하면 간단한 유형의 경우 보다 작은 공간을 사용하여 이미지를 저장할 수 있다. 이진수는 이미지의 픽셀과 같이 격자 모양으로 배열된다.

다음과 같은 압축 방법을 격자에 적용하여 문자열을 생성한다.

- 1단계: 격자 내의 모든 수가 0이면 결과는 "0"으로 표시한다. 마찬가지로 격자 내의 모든 수가 1이면 결과는 "1"로 표시한다.
- 2단계: 그렇지 않은 경우, 격자는 1/4 크기의 네 격자로 나누어진다. 압축 방법은 가운데 그림에 표시된 화살표 순서대로 시계 방향으로 각각의 구분된 격자에 적용된다. 결과는 합쳐져서 괄호 "("와")"로 묶인다. 두 가지 다른 예는 중앙 및 오른쪽 이미지를 참고한다. 오른쪽 이미지의 오른쪽 하단 모서리에 나타난 것과 같이, 나뉜 격자는 한 개의 숫자로 구성될 수도 있으며, 이 경우의 압축은 위의 1단계만 사용한다.

**문제/도전**

옆에 8×8 이미지의 2진수 격자에 위에서 설명한 압축 방법을 적용하였을 때, 결과로 만들어지는 문자열로 적당한 것은?

```
1 1 1 1 1 1 1 1
1 1 1 1 1 1 1 1
1 1 1 1 1 1 1 1
1 1 1 1 1 1 1 1
1 1 1 0 1 1 1 1
1 1 1 1 1 1 1 1
1 1 1 1 1 1 1 1
1 1 1 1 1 1 1 1
```

A) (1110)

B) (11(1011)1)

C) (111(1(1101)11))

D) (111(1(1011)11))

• 효율적인 압축 알고리 즘을 이용하면 한정된 기억 공간에 더 많은 데 이터를 저장할 수 있게 된다.

'아이콘 이미지 압축하기' 문제를 어떻게 해결할 수 있을까요?

이 문제의 현재 상태는 0 또는 1로 구성된 이미지 상태이며, 목표 상태는 여는 괄호 '(', 닫는 괄호 ')', '0', '1'로 구성된 압축 문자열이 생성된 상태입니다.

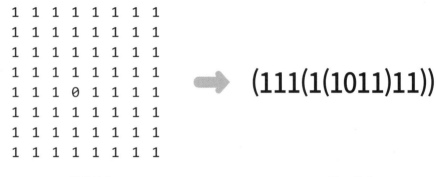

≪ 현재 상태                    ≪ 목표 상태

이 문제를 해결하는데 필요한 필수적인 요소는 이미지의 크기, 이미지에 채워진 값, 압축 방법입니다. 이미지의 크기는 가로 8칸, 세로 8칸이고, 이미지에 채워진 값은 위의 <현재 상태> 그림과 같습니다. 또한 문제에 제시된 압축 방법을 조금 더 세분화하여 단계별로 정리하면 다음과 같습니다.

[1단계] 격자의 맨 왼쪽 위 모서리에 있는 값을 기준값으로 하고, 그 값과 나머지 값들을 차례로 비교한다.

[2단계] 나머지 값들이 기준값과 모두 같으면 기준값을 그대로 적는다.

[3단계] 기준값과 같지 않은 값이 발견되면 비교를 멈추고 현재 격자를 4개의 구역으로 나눈 다음, 여는 괄호 '('를 적는다.

[4단계] 4개로 나누어진 각 구역에 대해서 다음의 순서대로 [1단계]부터 반복하고, 닫는 괄호 ')'를 출력한다.

이미지 격자의 각 값의 위치를 (행, 열)로 나타내기 위해 다음과 같이 행 번호와 열 번호를 표시합니다.

• 행은 가로줄, 열은 세로 줄을 의미한다.

|   | 1 | 2 | 3 | 4 | 5 | 6 | 7 | 8 |
|---|---|---|---|---|---|---|---|---|
| 1 | 1 | 1 | 1 | 1 | 1 | 1 | 1 | 1 |
| 2 | 1 | 1 | 1 | 1 | 1 | 1 | 1 | 1 |
| 3 | 1 | 1 | 1 | 1 | 1 | 1 | 1 | 1 |
| 4 | 1 | 1 | 1 | 1 | 1 | 1 | 1 | 1 |
| 5 | 1 | 1 | 1 | 0 | 1 | 1 | 1 | 1 |
| 6 | 1 | 1 | 1 | 1 | 1 | 1 | 1 | 1 |
| 7 | 1 | 1 | 1 | 1 | 1 | 1 | 1 | 1 |
| 8 | 1 | 1 | 1 | 1 | 1 | 1 | 1 | 1 |

위의 단계대로 문자열을 생성해봅시다. 격자의 가장 왼쪽 위 모서리인 (1, 1)의 값 1을 기준값으로 설정합니다. (1, 2)의 값, (1, 3)의 값, (1, 4)의 값, …. 차례로 기준값과 비교해 나갑니다. 계속 기준값과 동일합니다. 그러다 (5, 4)의 값은 0이므로 기준값과 다릅니다. 그러면 비교를 멈추고 전체 영역을 4개의 구역으로 나눈 다음 여는 괄호를 '('를 적습니다.

|   | 1 | 2 | 3 | 4 | 5 | 6 | 7 | 8 |
|---|---|---|---|---|---|---|---|---|
| 1 | 1 | 1 | 1 | 1 | 1 | 1 | 1 | 1 |
| 2 | 1 | 1 | 1 | 1 | 1 | 1 | 1 | 1 |
| 3 | 1 | 1 | 1 | 1 | 1 | 1 | 1 | 1 |
| 4 | 1 | 1 | 1 | 1 | 1 | 1 | 1 | 1 |
| 5 | 1 | 1 | 1 | 0 | 1 | 1 | 1 | 1 |
| 6 | 1 | 1 | 1 | 1 | 1 | 1 | 1 | 1 |
| 7 | 1 | 1 | 1 | 1 | 1 | 1 | 1 | 1 |
| 8 | 1 | 1 | 1 | 1 | 1 | 1 | 1 | 1 |

**만들어진 문자열 → (**

1번 구역에서 다시 1단계부터 수행해봅시다. 격자의 가장 왼쪽 위 모서리인 (1, 1)의 값을 기준값으로 설정하고, 1번 구역의 나머지 값들과 차례로 비교해 봅니다. 모든 값이 기준값과 같습니다. 그러면 기준값을 적습니다.

**만들어진 문자열 → (1**

이번에는 2번 구역에서 1단계부터 수행해봅시다. 2번 구역의 가장 왼쪽 위 모서리인 (1, 5)의 값 1을 기준값으로 설정하고, 2번 구역의 나머지 값들과 차례로 비교해 봅니다. 역시 모든 값이 기준값과 같습니다. 그러면 기준값을 적습니다.

**만들어진 문자열 → (11**

3번 구역에 대해서도 같은 방법을 적용하면 지금까지 만들어진 문자열은 다음과 같습니다.

**만들어진 문자열 → (111**

이번엔 4번 구역을 볼까요? (5, 1)의 값 1이 기준값이고, 나머지 값들과 비교하다 보면 기준값과 같지 않은 값이 발견됩니다. 그러면 그 구역을 다음과 같이 4등분 하고, 여는 괄호 '('를 적습니다.

|   | 1 | 2 | 3 | 4 | 5 | 6 | 7 | 8 |
|---|---|---|---|---|---|---|---|---|
| 1 | 1 | 1 | 1 | 1 | 1 | 1 | 1 | 1 |
| 2 | 1 | 1 | 1 | 1 | 1 | 1 | 1 | 1 |
| 3 | 1 | 1 | 1 | 1 | 1 | 1 | 1 | 1 |
| 4 | 1 | 1 | 1 | 1 | 1 | 1 | 1 | 1 |
| 5 | 1 | 1 | 1 | 0 | 1 | 1 | 1 | 1 |
| 6 | 1 | 1 | 1 | 1 | 1 | 1 | 1 | 1 |
| 7 | 1 | 1 | 1 | 1 | 1 | 1 | 1 | 1 |
| 8 | 1 | 1 | 1 | 1 | 1 | 1 | 1 | 1 |

**만들어진 문자열 → (111(**

새로 분할된 첫 번째 영역부터 위와 같은 단계를 반복합니다. 원래의 전체 영역 중 4번 영역에서 다시 분할된 1번 영역이므로 이 영역을 4-1 영역이라고 하겠습니다. 그러면 4-1 영역은 모두 1이므로 문자열 1을 적습니다.

만들어진 문자열 → (111(1

4-2 영역에는 기준값과 다른 값이 있으므로 다시 4등분하고 여는 괄호 '('를 적습니다.

만들어진 문자열 → (111(1(

새로 분할된 영역 중 첫 번째 영역을 4-2-1 영역이라고 하겠습니다. 4-2-1 영역은 한 칸뿐이므로 그 칸의 값을 그대로 적습니다. 시계 방향으로 돌아가면서 문자열을 생성하면 현재까지 생성된 문자열은 다음과 같습니다. 또한 4-2 영역에 대한 처리가 끝났으므로 닫는 괄호 ')'를 적습니다.

만들어진 문자열 → (111(1(1011)

이제 다시 4-3 영역을 살펴봅니다. 전체가 1이므로 1을 적습니다. 마지막으로 4-4 영역도 전체가 1이므로 1을 적습니다. 그리고 4 영역의 처리도 끝났으므로 닫는 괄호 ')'를 적습니다. 동시에 전체 영역의 처리도 끝났으므로 닫는 괄호 ')'를 하나 더 적습니다.

### 만들어진 문자열 → (111(1(1011)11))

위와 같이 어떤 문제를 해결하기 위해 그것과 동일한 문제이면서 조금 더 작은 경우를 해결함으로써 원래의 문제를 해결하는 접근 방식을 재귀(recursion)라고 합니다. 이때, 문제가 아주 간단해져서 바로 풀릴 때까지 작게 만듭니다.

- $10! = 10 * 9!$
  $9! = 9 * 8!$
  $8! = 8 * 7!$
  ...
  $3! = 3 * 2!$
  $2! = 2 * 1$

$f(n) = n * \underline{f(n-1)}$
$\quad\quad \llcorner f(n-1) = n-1 * \underline{f(n-2)}$
$\quad\quad\quad\quad\quad\quad \llcorner f(n-2) = n-2 * \underline{f(n-3)}$
$\quad\quad\quad\quad\quad\quad\quad\quad ...$
$\quad\quad\quad\quad\quad\quad\quad\quad\quad f(2) = 2 * \underline{f(1)}$
$\quad\quad\quad\quad\quad\quad\quad\quad\quad\quad \llcorner f(1) = 1$

※ f(n)은 n!

≪ n팩토리얼 계산을 재귀적으로 표현

# 한 걸음 더!

　컴퓨팅 사고력 키우기에서 살펴본 문제 해결 절차를 프로그램으로 구현해봅시다.

　다음은 문제에서 주어진 아이콘 이미지를 2차원 배열로 저장하고, 이미지 압축의 방법을 재귀적으로 설계하여 압축 문자열을 생성하는 C언어 프로그램입니다. 프로그램을 작성하고 실행해봅시다.

| 줄번호 | 소스코드 |
|---|---|
| 01 | #include <stdio.h> |
| 02 | #define N 8 |
| 03 | |
| 04 | int map[N][N]={ |
| 05 | {1,1,1,1,1,1,1,1}, |
| 06 | {1,1,1,1,1,1,1,1}, |
| 07 | {1,1,1,1,1,1,1,1}, |
| 08 | {1,1,1,1,1,1,1,1}, |
| 09 | {1,1,1,0,1,1,1,1}, |
| 10 | {1,1,1,1,1,1,1,1}, |
| 11 | {1,1,1,1,1,1,1,1}, |
| 12 | {1,1,1,1,1,1,1,1} |
| 13 | }; |
| 14 | |
| 15 | void solve(int x, int y, int k){ |
| 16 | 　if(k==1){ |
| 17 | 　　printf("%d",map[x][y]); |
| 18 | 　　return; |
| 19 | 　} |
| 20 | 　for(int i=x; i<x+k; i++){ |
| 21 | 　　for(int j=y; j<y+k; j++){ |
| 22 | 　　　if(map[x][y]!=map[i][j]){ |
| 23 | 　　　　printf("("); |
| 24 | 　　　　solve(x, y, k/2); |
| 25 | 　　　　solve(x, y+k/2, k/2); |
| 26 | 　　　　solve(x+k/2, y+k/2, k/2); |
| 27 | 　　　　solve(x+k/2, y, k/2); |
| 28 | 　　　　printf(")"); |
| 29 | 　　　} |

```
30            }
31        }
32        printf("%d", map[x][y]);
33   }
34
35   int main(){
36        solve(0, 0, N);
37        return 0;
38   }
```

| 줄번호 | 코드 설명 |
|---|---|
| 02 | 이미지 아이콘의 한 변의 길이 N을 8로 정의합니다. 이렇게 하는 이유는 코드의 가독성이 높아지고, 데이터 수정이 편리하기 때문입니다. |
| 04~13 | 문제에서 주어진 이미지 아이콘 데이터를 2차원 배열로 저장합니다. |
| 15 | solve() 함수는 이미지 아이콘을 압축 문자열로 만드는 재귀함수입니다. 매개 변수인 x, y, k는 (x, y) 위치를 왼쪽 상단으로 하는 가로, 세로 각 k칸짜리 구역을 압축한다는 것을 의미합니다. |
| 16~19 | 재귀함수의 종료 조건입니다. 재귀함수는 계속해서 자신을 호출하다가 특정 상황이 되면 종료되어야 합니다. 여기서는 구역의 크기가 점점 작아져 한 칸짜리가 되면 그 칸에 저장된 값을 출력하고 종료하도록 합니다. |
| 20~31 | 이 프로그램의 핵심적인 부분입니다. map[x][y], 즉 현재 검사하려는 구역의 가장 왼쪽 상단에 있는 값을 기준값으로 하고, 해당 구역에 있는 나머지 값들과 차례로 비교를 합니다. 기준값과 같지 않은 값이 발견되면, 여는 괄호 '('를 출력하고, 현재 구역을 네 개의 구역으로 나누어 처리한 후 닫는 괄호 ')'를 출력합니다. 이때, 4개의 solve() 함수의 매개 변수를 잘 살펴보세요. 이 함수들을 호출한 상위 solve() 함수의 매개 변수 x, y, k를 이용하여 각 구역의 기준값 위치와 가로, 세로 칸 수를 표현하고 있습니다.

void solve(int x, int y, int k) {
    ...
    solve(x, y, k/2);
    solve(x, y+k/2, k/2);
    solve(x+k/2, y+k/2, k/2);
    solve(x+k/2, y, k/2);
    ...
}

|
| 32 | solve() 함수의 이중 for 문으로 기준값과 나머지 값들을 비교하는데 기준값과 다른 값이 없는 경우, 즉 모든 값이 같을 때는 기준값을 출력하는 구문입니다. |
| 36 | main() 함수에서 solve(0, 0, N)을 호출하고 있습니다. 이는 (0, 0)을 왼쪽 상단으로 하고, 한 변의 길이가 N인 전체 구역의 처리를 시작한다는 의미입니다. |

앞의 프로그램을 실행하면 주어진 아이콘 이미지에 대한 압축 문자열이 출력됩니다. 이와 같이 원래의 큰 문제 안에서 그와 동일한 작은 문제를 찾고, 그 둘 사이의 관계를 정의할 수 있다면 재귀(recursion)라는 효율적인 방법으로 문제를 재미있게 해결할 수 있게 됩니다.

지금까지의 학습경험을 바탕으로 '아이콘 이미지 압축하기' 문제의 조건(이미지의 크기, 아이콘 데이터, 압축 규칙 등)을 변경하여 새로운 문제를 만들어보고, 이를 해결하는 프로그램을 작성해 봅시다.

• 꼭 도전해 보세요. '한 걸음 더!' 나아갈 수 있습니다.

# 스스로 평가하기

| 평가문항 | 매우 우수 | 우수 | 보통 |
|---|---|---|---|
| 비버챌린지 문제 해결을 위해 문제를 분석하고 핵심요소를 추출할 수 있나요? | | | |
| 비버챌린지 문제 해결을 위해 알고리즘을 설계·적용할 수 있나요? | | | |
| 비버챌린지 문제를 수정하고 프로그래밍을 통해 해결할 수 있나요? | | | |

# 파이선 코드

※ 다음은 앞서 87~88페이지에 제시한 C언어 프로그램을 파이선으로 작성한 것입니다. 파이선에 익숙하다면 아래 코드를 참고하세요.

| 줄번호 | 소스코드 |
|---|---|
| 01 | N=8 |
| 02 | map = [ |
| 03 | [1,1,1,1,1,1,1,1], |
| 04 | [1,1,1,1,1,1,1,1], |
| 05 | [1,1,1,1,1,1,1,1], |
| 06 | [1,1,1,1,1,1,1,1], |
| 07 | [1,1,1,0,1,1,1,1], |
| 08 | [1,1,1,1,1,1,1,1], |
| 09 | [1,1,1,1,1,1,1,1], |
| 10 | [1,1,1,1,1,1,1,1] |
| 11 | ] |
| 12 | |
| 13 | def solve(x, y, k): |
| 14 |   if (k==1): |
| 15 |     print(map[x][y], end="") |
| 16 |     return |
| 17 |   for i in range(x, x+k): |
| 18 |     for j in range(y, y+k): |
| 19 |       if (map[x][y] != map[i][j]): |
| 20 |         print("(", end="") |
| 21 |         solve(x, y, k//2); |
| 22 |         solve(x, y+k//2, k//2); |
| 23 |         solve(x+k//2, y+k//2, k//2); |
| 24 |         solve(x+k//2, y, k//2); |
| 25 |         print(")", end=""); |
| 26 |   print(map[x][y], end="") |
| 27 | |
| 28 | solve(0, 0, N) |

# ME
# MO

# 7장

# 전구와 스위치

# 7장

## 전구와 스위치

# 생각열기

여러분은 라면을 끓여본 적이 있나요? 라면은 누가 끓였는지에 따라 맛이 많이 다른데, 이러한 차이가 나는 이유는 무엇일까요? 만약 라면을 잘 끓이고 싶다면 어떻게 해야 할까요?

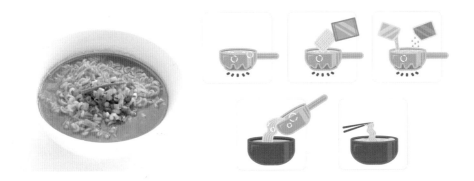

누구나 맛있는 라면을 만드는 방법의 하나는 레시피(recipe)에 쓰인 방법과 절차대로 요리하는 것입니다. 따라서 레시피를 만드는 사람은 구체적이고 명확한 알고리즘(방법과 절차)으로 레시피를 작성해야 합니다. 완벽한 레시피에 따라 요리를 한다면 맛있는 라면을 끓일 수 있을 것이고, 혹시 그렇지 못했다면 내가 요리한 방법과 절차를 레시피와 비교하여 그 원인(라면의 맛이 없는 이유)을 찾을 수 있습니다.

이번 챕터에서는 비버챌린지의 '전구와 스위치' 문제를 통해 소프트웨어의 동작 원리를 분석하고, 오류의 원인을 찾아내는데 필요한 논리적 추론과 디버깅 과정에 대해 학습해 보겠습니다.

추론: 둘 이상의 대상 간의 논리적 관계를 분석하여 새로운 결론을 이끌어내는 과정을 뜻한다.

디버깅(debugging): 컴퓨터 프로그램이나 시스템의 논리적 또는 문법적인 오류(버그)를 검출하여 제거하는 과정을 뜻한다.

내가 끓인 라면의 맛이 이상하다고 가정해봅시다. 그렇다면 라면의 맛이 이상한 원인을 찾기 위해 우리는 어떻게 해야 할까요?

우선 레시피를 꺼내서 순서대로 모든 항목을 준수하였는지를 확인해야 할 것입니다. 물의 양은 알맞은지, 재료를 넣은 순서가 정확한지, 재료가 상하진 않았는지 등 순서대로 레시피를 준수하였는지 확인하다보면 문제를 쉽게 찾을 수 있습니다. 레시피는 음식을 조리하는 방법과 절차를 담은 일종의 알고리즘이기 때문입니다.

**알고리즘(algorithm):** 어떤 문제를 해결하기 위한 일련의 절차와 방법을 뜻하는 것으로 입·출력이 정확하고 표현이 명확해야 한다.

## 조 리 법

물 550cc(3컵정도)를 끓인후 면과 분말, 건더기 스프를 같이 넣고 4~5분 더 끓이면 얼큰한 소고기 국물맛의 신라면이 됩니다.

**· 조리시 참고사항**
라면을 2개 이상 다량으로 끓이실 경우는 아래도표를 참조하시어 조리하세요.

| 면의갯수 | 1 | 2 | 3 | 4 | 5 |
|---|---|---|---|---|---|
| 스프갯수(개) | 1 | 1⅔ | 2⅔ | 3½ | 4 |
| 물의량(cc) | 550 | 880 | 1400 | 1800 | 2300 |
| 컵기준시(컵) | 3 | 5 | 7⅔ | 10 | 12½ |

≫ 한글: 라면 조리법

**COOKING DIRECTIONS**
**STOVE TOP**

①BOIL 550 mL (ABOUT 2 1/3 CUPS) OF WATER. ADD NOODLES, SOUP BASE, AND VEGETABLE MIX.
②COOK FOR 4-5 MINUTES, STIRRING OCCASIONALLY.
③REMOVE FROM HEAT AND SERVE.

**MICROWAVE (1000 W)** *COOKING TIME MAY VARY DEPENDING ON MICROWAVES.

①PUT SOUP BASE AND VEGETABLE MIX INTO A MICROWAVABLE BOWL, THEN ADD NOODLES ON TOP.
②POUR 500 mL (ABOUT 2 CUPS) OF ROOM TEMPERATURE WATER.
③COOK FOR 7 MINUTES. WHEN USING HOT WATER, COOK FOR 4 MINUTES.
*TRY WITH YOUR FAVORITE VEGETABLES.

≫ 영어: 라면 조리법

**소프트웨어(software):** 컴퓨터 내부에 저장된 특정한 목적의 하나 또는 다수의 컴퓨터 프로그램을 뜻하는 것으로 1957년에 존 터키(John W. Tukey)가 처음 사용하였다. 컴퓨팅 시스템의 효율적인 관리를 목적으로 하는 시스템 소프트웨어와 사용자에게 다양한 기능을 제공하는 응용 소프트웨어로 나뉜다.

어떤 문제를 해결하기 위해 작성한 알고리즘과 이를 바탕으로 개발한 소프트웨어가 예상대로 동작하지 않고 다른 결과를 내거나, 오류를 발생하는 등의 문제를 일으킬 때, 우리는 버그(bug)가 발생했다고 이야기합니다. 그리고 이러한 버그나 오류의 원인을 찾는 일을 디버깅(debugging)이라고 합니다. 완벽한 알고리즘과 소프트웨어를 한 번에 개발하는 것은 전문적인 개발자들에게도 매우 어려운 일이므로, 디버깅은 매우 기본적이면서도 중요한 것이라고 볼 수 있습니다.

이와 같은 디버깅을 위해서는 논리적인 추론(logical reasoning)이 필수적입니다. 문제가 발생하는 오류의 원인에 대해서 한 번에 한 가지씩 가정하고, 그러한 각각의 원인과 그에 따른 결과들을 한 번에 하나씩 확인해 나갈 수 있는 여러 번의 작은 실험단계들을 진행해 나가야 합니다. 이러한 과정을 통해 명확히 어떤 부분이 문제인지 파악하고 이를 해결할 수 있습니다.

※ 비버챌린지의 '전구와 스위치(2018, 헝가리)' 문제를 해결해봅시다.

**문제의 배경**

밥(Bob)은 아마추어 전기 기술자이다. 밥은 6개의 전구와 스위치들을 연결했다. 모든 스위치는 각각 한 개의 전구만 동작시키는데, 어떤 스위치가 어떤 전구를 동작시키는지 알지 못한다. 그리고 스위치를 켜고 끄는 방향이 위쪽 방향과 아래쪽 방향 중 어느 쪽인지도 모른다(단, 각 스위치의 켜고 끄는 방향은 다를 수 있다).

어떤 스위치가 어떤 전구를 켜고 끌 수 있는지를 알아내기 위해서 실험을 해 보았다. 스위치들을 켜고 끄는 네 번의 실험 결과가 다음과 같다(왼쪽에는 스위치들의 이름과 스위치의 상태가 그려져 있고, 오른쪽에는 그 상태에서 전구들의 켜짐/꺼짐 상태가 나타나있다.).

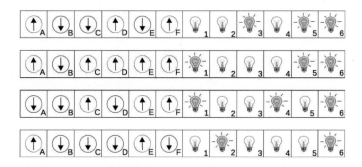

**문제/도전**

어떤 전구와 어떤 스위치가 서로 연결되어 있을까?

A) 1–C, 2–F, 3–E, 4–A, 5–D, 6–B
B) 1–C, 2–E, 3–D, 4–A, 5–F, 6–B
C) 1–C, 2–F, 3–D, 4–E, 5–A, 6–B
D) 1–C, 2–F, 3–B, 4–A, 5–D, 6–E

# 컴퓨팅 사고력 키우기

'전구와 스위치' 문제를 어떻게 해결할 수 있을까요?

이 문제의 현재 상태는 6개의 스위치와 6개의 전구 중 어떤 스위치가 어떤 전구를 동작시키는지 모르는 상태이고, 목표 상태는 6개의 스위치와 6개의 전구 중 어떤 스위치가 어떤 전구를 동작시키는지 아는 상태입니다.

이 문제의 해결을 위한 핵심요소는 6개 스위치의 상태 및 6개 전구의 상태입니다. 문제에는 모든 스위치와 전구의 상태 조합을 알 수 있는 4번의 실험 결과가 제시되어 있고, 이를 통한 논리적 추론을 요구하고 있습니다. 따라서 각 실험 결과를 하나씩 분석하여 각 스위치와 전구의 연결 상태를 알아내면 이 문제를 해결할 수 있습니다.

1단계 실험 결과를 보겠습니다. 스위치 3개(A, D, F)의 상태는 (↑)이고, 나머지 스위치(B, C, E)의 상태는 (↓)입니다. 그리고 전구 3개(1번, 2번, 4번)의 상태는 💡이고, 나머지 전구(3번, 5번, 6번)의 상태는 💡입니다. 이것만으로는 구체적인 스위치와 전구의 연결 상태를 알아낼 수는 없습니다.

**1단계 실험결과 및 상태분석표**

| <1단계> | ↑A | ↓B | ↓C | ↑D | ↓E | ↑F | 💡1 | 💡2 | 💡3 | 💡4 | 💡5 | 💡6 |
|---|---|---|---|---|---|---|---|---|---|---|---|---|
| | A | | B | | C | | D | | E | | F | |
| 1단계 | · | | · | | · | | · | | · | | · | |

2단계 실험 결과를 보겠습니다. 1단계 실험 결과와 비교할 때, 실험자는 스위치 2개(C, E)의 상태를 변경하였고, 이에 따라 전구 2개(1번, 3번)의 상태가 변경되었음을 알 수 있습니다. 따라서 C, E 스위치와 1번, 3번 전구가 연결되어 있음을 알 수 있습니다.

**2단계 실험결과 및 상태분석표**

| | A | B | C | D | E | F |
|---|---|---|---|---|---|---|
| <1단계> / <2단계> | | | | | | |
| 1단계 | · | · | · | · | · | · |
| 2단계 | · | · | 1, 3 | · | 1, 3 | · |
| 종합 | · | · | 1, 3 | · | 1, 3 | · |

3단계 실험 결과를 보겠습니다. 2단계 실험 결과와 비교할 때, 실험자는 스위치 2개(A, D)의 상태를 변경하였고, 이에 따라 전구 2개(4번, 5번)의 상태가 변경되었음을 알 수 있습니다. 따라서 A, D 스위치와 4번, 5번 전구가 연결되어 있음을 알 수 있습니다.

**3단계 실험결과 및 상태분석표**

| | A | B | C | D | E | F |
|---|---|---|---|---|---|---|
| <2단계> / <3단계> | | | | | | |
| 1단계 | · | · | · | · | · | · |
| 2단계 | · | · | 1, 3 | · | 1, 3 | · |
| 3단계 | 4, 5 | · | · | 4, 5 | · | · |
| 종합 | 4, 5 | · | 1, 3 | 4, 5 | 1, 3 | · |

4단계 실험 결과를 보겠습니다. 3단계 실험 결과와 비교할 때, 실험자는 스위치 3개(A, C, F)의 상태를 변경하였고, 이에 따라 전구 3개(1번, 2번, 4번)의 상태가 변경되었음을 알 수 있습니다. 따라서 A, C, F 스위치와 1번, 2번, 4번 전구가 연결되어 있음을 알 수 있습니다.

**4단계 실험결과 및 상태분석표 1**

| | <3단계> | | | | | | | | | | | |
|---|---|---|---|---|---|---|---|---|---|---|---|---|
| | ↓A | ↓B | ↑C | ↓D | ↑E | ↑F | 💡1 | 💡2 | 💡3 | 💡4 | 💡5 | 💡6 |
| <4단계> | ↑A | ↓B | ↓C | ↓D | ↑E | ↓F | 💡1 | 💡2 | 💡3 | 💡4 | 💡5 | 💡6 |

| | A | B | C | D | E | F |
|---|---|---|---|---|---|---|
| 1단계 | · | · | · | · | · | · |
| 2단계 | · | · | 1, 3 | · | 1, 3 | · |
| 3단계 | 4, 5 | · | · | 4, 5 | · | · |
| 4단계 | 1, 2, 4 | · | 1, 2, 4 | · | · | 1, 2, 4 |
| 종합 | 4 | · | 1 | 5 | 3 | |

그런데 앞서 2단계 실험을 통해 스위치 C가 1번 또는 3번 전구와 연결되어 있음을 알고 있었죠. 이를 4단계 실험 결과와 종합하면 'C-1번'임이 확정됩니다. 또한, 'C-1번'이 확정됨에 따라 'E-3번'도 확정됩니다. 이와 같은 관점에서 앞서 3단계 실험을 통해 스위치 A가 4번 또는 5번 전구와 연결되어 있음을 알게 되었습니다. 이를 4단계 실험 결과와 종합하면 'A-4번'임이 확정됩니다. 이에 따라 'D-5번'도 확정됩니다.

**4단계 실험결과 및 상태분석표 2**

| | <1단계> | | | | | | | | | | | |
|---|---|---|---|---|---|---|---|---|---|---|---|---|
| | ↑A | ↓B | ↓C | ↑D | ↓E | ↑F | 💡1 | 💡2 | 💡3 | 💡4 | 💡5 | 💡6 |
| <4단계> | ↑A | ↓B | ↓C | ↓D | ↑E | ↓F | 💡1 | 💡2 | 💡3 | 💡4 | 💡5 | 💡6 |

| | A | B | C | D | E | F |
|---|---|---|---|---|---|---|
| 1단계 | · | · | · | · | · | · |
| 2단계 | · | · | 1, 3 | · | 1, 3 | · |
| 3단계 | 4, 5 | · | · | 4, 5 | · | · |
| 4단계 | 1, 2, 4 | · | 1, 2, 4 | · 2, 3, 5 | · 2, 3, 5 | 1, 2, 4 2, 3, 5 |
| 종합 | 4 | 6 | 1 | 5 | 3 | 2 |

4단계 실험 결과를 1단계 실험 결과와도 비교해보겠습니다. 실험자는 스위치 3개(D, E, F)의 상태를 변경하였고, 이에 따라 전구 3개(2번, 3번, 5번)의 상태가 변경되었음을 알 수 있습니다. 따라서 D, E, F 스위치와 2번, 3번, 5번 전구가 연결되어 있음을 알 수 있습니다. 앞서, F가 1, 2, 4번 전구 중 하나와 연결되어 있다고 했었는데, 이번 분석을 통해 2, 3, 5번 전구 중 하나와 연결되어 있음을 알게 되었습니다. 따라서 'F–2번'이 확정됩니다. 이렇게 되면 남은 스위치는 1개(B)이고, 남은 전구도 1개(6번)이므로 'B–6번'도 확정됩니다.

따라서 정답은 '1-C, 2-F, 3-E, 4-A, 5-D, 6-B'입니다.

물론, 이 문제를 다르게 해결할 수도 있습니다. 앞서 제시한 방식은 문제에 제시된 제약 조건을 이용하여 각 스위치에 연결 가능한 전구의 조합을 줄여나가면서 문제를 해결하는 것입니다. 한편, 다음과 같이 스위치와 전구의 켜짐/꺼짐 패턴을 이용하면 쉽게 해결할 수 있습니다. 그러나 이 방식도 핵심요소 간의 논리적 추론을 통해 문제를 해결한다는 점에서 사실상 동일한 방식이라고 할 수 있습니다.

- 1번 전구는 첫 번째, 네 번째 그림이 같은 모양(off)이고, 두 번째, 세 번째 그림이 같은 모양(on)입니다. 이와 같은 패턴을 보이는 스위치는 C번 스위치입니다.
- 2번 전구는 첫 번째, 두 번째, 세 번째 그림이 같은 모양(off)입니다. 이와 같은 패턴을 보이는 스위치는 F번 스위치입니다.
- 3번 전구는 두 번째, 세 번째, 네 번째 그림이 같은 모양(off)입니다. 이와 같은 패턴을 보이는 스위치는 E번 스위치입니다.
- 4번 전구는 첫 번째, 두 번째, 네 번째 그림이 같은 모양(off)입니다. 이와 같은 패턴을 보이는 스위치는 A번 스위치입니다.
- 5번 전구는 첫 번째, 두 번째 그림이 같은 모양(on)이고, 세 번째, 네 번째 그림이 같은 모양(off)입니다. 이와 같은 패턴을 보이는 스위치는 D번 스위치입니다.
- 6번 전구는 첫 번째, 두 번째, 세 번째, 네 번째 그림이 모두 같은 모양(on)입니다. 이와 같은 패턴을 보이는 스위치는 B번 스위치입니다.

# 한 걸음 더!

명확하고 구체적인 알고리즘을 바탕으로 동작하는 소프트웨어와 컴퓨팅 시스템의 개발, 분석, 디버깅을 위해서는 논리적인 추론이 필수적입니다. 지금까지의 학습 경험을 바탕으로 비버챌린지의 '막대기와 방패(2017, 일본)' 문제 해결에 도전해봅시다.

### 문제의 배경

루시아(Lucia)는 7명의 친구와 함께 막대기와 방패 놀이를 하고 있다. 다음 그림은 7명의 친구들이 가장 좋아하는 자세를 각각 보여준다.

그들은 학교 운동장에서 어떤 사진을 찍기를 원한다. 그 사진에서 모든 막대기는 다른 비버를 가리켜야 하며, 모든 방패는 그 막대기들을 막는 방향이어야 한다. 루시아(Lucia)는 먼저 아래처럼 한 자리를 차지했다.

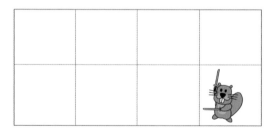

### 문제 / 도전

문제에서 주어진 조건에 따라 비버들을 배치해보자.

# 스스로 평가하기

| 평가문항 | 매우 우수 | 우수 | 보통 |
|---|---|---|---|
| 비버챌린지 문제 해결을 위해 알고리즘을 설계할 수 있나요? | | | |
| 비버챌린지 문제 해결을 위해 논리적으로 추론할 수 있나요? | | | |

# ME
# MO

# 8장

## 탄산음료 가게

**학습내용**   소프트웨어 개발

**학습목표**   – 다양한 학문 분야의 문제 해결을 위한 알고리즘을 협력하여 설계
한다.

– 다양한 학문 분야의 문제 해결을 위해 설계한 알고리즘을 프로그
램으로 구현하고 효율성을 비교·분석한다.

# 8 장

## 탄산음료 가게

# 생각열기

여러분은 최적의 조합을 찾기 위해 고민해본 적이 있나요? 출발지부터 목적지까지 가장 빠른 경로를 찾는 일, 가족들을 기쁘게 할 크리스마스 선물을 구매하는 일, 행복한 여행을 위해 함께 할 친구들의 짝을 지어주는 일 등 말입니다.

여러 가지 문제 해결 방법
① 모든 방법 동원하기: 잊어버린 키 자물쇠 번호 하나씩 돌려보기
② 복잡한 문제를 작은 문제로 쪼개고 해결하기: 여러 문서를 작성 연도순으로 정리하기
③ 거꾸로 문제를 해결하기: 미로에서 도착점부터 출발점까지의 경로 찾기
④ 큰 문제부터 해결하기: 여행 배낭에 필요한 물건 챙기기

≪ 산타할아버지의 선물 보따리에 어떤 선물을 담아야 할까?

이러한 문제를 해결하기 위해 최적해를 찾는 일은 얼핏 수학 문제처럼 보이지만, 막상 수학 공식을 적용하려고 하면 어려움이 많습니다. 그러나 우리 주변에는 이런 문제가 매우 많습니다.

최적화 문제 예시: 집에서 학교까지 최적 경로 찾기, 버스노선 최적화, 자율주행 자동차 등

이번 챕터에서는 비버챌린지의 '탄산음료 가게' 문제를 통해 최적화 문제를 해결하기 위한 '핵심요소 추출' 방법과 컴퓨터를 이용하여 문제를 해결하기 위한 '알고리즘 설계와 프로그래밍' 방법에 대해 학습해 보겠습니다.

# 학습내용 이해하기

최적화(optimization) 문제 또는 최적해 탐색 문제는 내비게이션의 최단 경로, 최소 시간, 최소 비용과 같이 특정 조건 하에서 가장 좋은 답을 찾는 문제입니다. 기본적으로 가능한 모든 경우를 비교하는 방식으로 해결할 수도 있으나 자칫하면 너무 많은 시간이 걸릴 수도 있습니다.

최적화 문제를 잘 해결하려면 문제를 정확히 분석하고, 핵심요소를 제대로 파악하는 것이 중요합니다. 먼저, 핵심요소 추출이란 문제 해결을 위해 불필요한 요소를 제거하고, 필수적인 요소만을 추출하는 추상화 전략입니다. 핵심요소 추출은 문제를 명확하게 이해하고, 문제 해결 모델을 설계하고 구현하는 데 큰 도움이 됩니다.

핵심요소 추출을 위해서는 정확한 문제 분석이 중요합니다. 문제에 따라 내가 찾은 요소가 핵심요소일 수도, 아닐 수도 있기 때문입니다. 핵심요소를 추출한 이후에는 문제에 포함된 자료, 조건을 파악하여 문제 해결을 위한 아이디어를 떠올릴 수 있습니다.

**컴퓨터를 이용한 문제 해결 과정**
① 추상화: 주어진 문제를 이해하고 분석하여 문제 해결에 불필요한 요소를 제거하거나 작은 문제로 나눔
② 알고리즘 설계: 글, 도형, 흐름선 등 구체적인 문제 해결 방안을 단계별로 나열
③ 자동화: 문제의 해결책, 즉 알고리즘 설계를 사람이 아닌 컴퓨팅 시스템 스스로 수행할 수 있도록 프로그래밍하는 과정

이상의 과정을 통해 설계한 문제 해결 전략은 알고리즘을 설계를 통해 구체화되고, 프로그래밍을 통해 구현됩니다. 친구들과 협력하여 알고리즘을 설계하고 프로그램을 작성한다면, 오류도 줄일 수 있고, 더 효율적인 방법을 찾을 수 있습니다.

# 도전! 비버챌린지

※ 비버챌린지의 '탄산음료 가게(2017, 캐나다)' 문제를 해결해봅시다.

### 문제의 배경

네 명의 친구들이 함께 여행을 다니다가 음료수 가게에서 음료수를 사먹기로 하였다. 이들 네 사람이 각 음료수에 대해 좋아하는 정도는 모두 다르며, 좋아하는 정도는 아래에 나와 있는 표와 같다. 음료수 가게에는 네 종류의 음료가 있지만, 물건이 모두 팔리고 네 종류의 음료수 모두 하나씩밖에 남지 않았다. 네 명의 친구들이 각각의 음료수를 좋아하는 정도는 표의 가장 위쪽에 하트의 개수로 나타나있다.

예를 들어, 안나는 🥤를 하트 4개(💖)만큼 좋아하고, 🥛를 하트 3개(💜)만큼 좋아한다.

### 문제/도전

네 명의 친구들이, 가게에 남아있는 네 종류의 음료수를 각각 하나씩 나누어 선택한다고 할 때, 얻을 수 있는 가장 많은 하트의 개수는 몇 개일까?

A) 11　　　　　　B) 12　　　　　　C) 13　　　　　　D) 14

# 컴퓨팅 사고력 키우기

'탄산음료 가게' 문제를 어떻게 해결할 수 있을까요?

이 문제의 현재 상태는 네 명의 친구가 음료수를 선택하지 않은 상태이며, 목표 상태는 네 명의 친구가 가장 만족스럽게 음료수를 선택한 상태입니다. 즉, 하트 개수가 최대가 되는 상태이죠.

이 문제를 해결하는데 필요한 필수적인 요소는 음료수의 종류와 개수, 네 친구의 이름과 각 음료수를 좋아하는 정도(하트)입니다. 먼저 음료수의 종류는 콜라, 주스, 커피, 탄산수이며, 개수는 각 1개씩입니다. 또한, 네 친구의 이름은 안나, 버나드, 크리스틴, 다니엘이고, 네 명이 각 음료수를 좋아하는 정도가 제시되어 있습니다.

따라서 네 명의 친구가 어떤 음료수를 선택하는지에 따라 획득한 하트의 개수가 달라집니다. 그러므로 이 문제는 하트의 개수를 최대로 하는 음료수 조합을 찾는 것이 목표임을 알 수 있습니다. 이런 관점에서 현재 상태는 다음과 같이 표현할 수 있습니다.

| 안나 | 버나드 | 크리스틴 | 다니엘 | 하트 수 |
| --- | --- | --- | --- | --- |
| — | — | — | — | 0 |

또한, 목표 상태는 다음과 같이 표현할 수 있습니다.

| 안나 | 버나드 | 크리스틴 | 다니엘 | 하트 수 |
| --- | --- | --- | --- | --- |
| 음료수 1 | 음료수 2 | 음료수 3 | 음료수 4 | 최댓값 |

이때, 사람이 4명이고, 종류가 다른 음료수가 각 1개씩이므로, 네 명이 4종의 음료수를 선택할 수 있는 경우의 수(조합)는 모두 24가지(4×3×2×1)입니다. 따라서 24가지 경우에 대하여 하트 개수를 계산하고, 각각을 비교하여 최댓값을 찾으면 됩니다. 예를 들면, 다음과 같이 표를 구성할 수 있으며, 이를 통해 계산한 최대 하트 수는 14입니다.

**상태 변화표: 전체 탐색**

| 단계 | 안나 | 버나드 | 크리스틴 | 다니엘 | 하트 수 | |
| --- | --- | --- | --- | --- | --- | --- |
| | | | | | 현재 하트 | 최댓값 |
| 1 | 콜라 | 주스 | 커피 | 탄산수 | 13 | 13 |
| 2 | 콜라 | 주스 | 탄산수 | 커피 | 9 | 13 |
| 3 | 콜라 | 커피 | 주스 | 탄산수 | 13 | 13 |
| 4 | 콜라 | 커피 | 탄산수 | 주스 | 9 | 13 |
| 5 | 콜라 | 탄산수 | 주스 | 커피 | 9 | 13 |
| ... | | | | | | |
| 7 | 주스 | 콜라 | 커피 | 탄산수 | 14 | 14 |
| ... | | | | | | |
| 9 | 주스 | 커피 | 콜라 | 탄산수 | 14 | 14 |
| ... | | | | | | |
| 24 | 탄산수 | 커피 | 주스 | 콜라 | 9 | 14 |

그러나 24가지 경우를 중복이나 누락 없이 꼼꼼하게 따져보는 일은 시간도 오래 걸리고 실수하기도 쉽습니다. 따라서 이 문제의 경우에 다른 방법이 없는지 생각해보아야 합니다. 즉, 모든 경우를 비교해보지 않고도 최대 하트 수를 구할 방법이 없는지 말입니다.

우리의 목표는 최대 하트 수를 찾는 것이고, 이를 위해서는 최적 조합을 찾아야 합니다. 그러기 위해서는 각자가 가장 좋아하는 음료수를 선택할 수 있도록 만들어야 합니다. 그러나 음료수의 개수가 각 1개씩이므로, 모두가 1순위(가장 좋아하는) 음료수를 선택할 수는 없을 것입니다.

≪ 문제 조건: 음료수 선호도

앞의 표에 제시된 음료수 선호도를 볼 때, 탄산수는 다니엘만 탄산수를 1순위로 좋아합니다. 따라서 최대 하트 수를 만들려면 다니엘은 반드시 탄산수를 선택해야 합니다. 안나, 버나드, 크리스틴의 경우, 세 명 모두 콜라를 1순위로 좋아하므로 2순위를 따져보아야 합니다. 이때 안나만 2순위로 주스를 좋아하므로, 안나는 반드시 주스를 선택해야 합니다. 버나드와 크리스틴은 음료수 선호도가 같으므로 남은 2개의 음료(콜라, 커피)를 어떻게 분배하여도 전체 하트 개수는 동일합니다.

상태 변화표 : 그리디 알고리즘

| 단계 | 안나 | 버나드 | 크리스틴 | 다니엘 | 하트 수 |
|------|------|--------|----------|--------|---------|
| 1 | · | · | · | 탄산수 | 4 |
| 2 | 주스 | · | · | 탄산수 | 7 |
| 3 | 주스 | 콜라 | · | 탄산수 | 11 |
| 4 | 주스 | 콜라 | 커피 | 탄산수 | 14 |

위의 표는 이 과정을 순서대로 나타낸 것입니다. 이와 같이 여러 경우 중 하나를 결정해야 할 때마다 그 순간에 최적이라고 생각되는 것을 선택해 나가는 방식으로 최적해를 구하는 방법을 그리디(greedy, 욕심쟁이) 알고리즘이라고 합니다. 이 방법은 앞서 24가지 경우를 모두 따져보는 방법에 비해 수행시간의 관점에서 높은 효율을 보입니다.

# 한 걸음 더!

컴퓨터를 이용한다면 모든 경우를 신속하고 정확하게 따져볼 수 있지 않을까요?

앞서 살펴본 <상태 변화표>와 같이 네 명의 친구가 선택할 수 있는 모든 음료수 조합에 대하여 하나씩 하트 개수를 계산하고, 지금까지 구한 최댓값과 비교하여 표를 업데이트해 나가는 방식입니다. 이를 위해서는 친구의 이름과 음료수 이름은 숫자로 변환해야 합니다. 또한, <문제 조건 : 음료수 선호도>를 저장하고 24가지 경우를 만들고, 각 경우의 하트 수와 최댓값을 계산해야 합니다. 친구의 이름과 음료수 이름은 숫자로 변환하여 계산하는 것이 좋습니다.

다음은 이를 구현한 C언어 프로그램입니다. 프로그램을 작성하고 실행해봅시다.

| 줄번호 | 소스코드 |
|---|---|
| 01 | #include <stdio.h> |
| 02 | int cal=0, max=0; |
| 03 | char k[4][10] = {"콜라", "주스", "커피", "탄산수"}; |
| 04 | int p[4][4] = {{0, 1, 2, 3}, {0, 2, 1, 3}, {0, 2, 1, 3}, {3, 0, 2, 1}}; |
| 05 | int heart(int who, int drink) |
| 06 | { |
| 07 |   int i; |
| 08 |   for(i=0; i<4; i++) if(p[who][i] == drink) return (4-i); |
| 09 | } |
| 10 | void table() |
| 11 | { |
| 12 |   int a, b, c, d; |
| 13 |   for(a=0; a<4; a++) // 안나 |
| 14 |    for(b=0; b<4; b++) // 버나드 |
| 15 |     for(c=0; c<4; c++) // 크리스틴 |
| 16 |      for(d=0; d<4; d++) // 다니엘 |
| 17 |      { |
| 18 |       if(a==b || a==c || a==d || b==c || b==d || c==d) continue; |
| 19 |       cal = heart(0, a) + heart(1, b) + heart(2, c) + heart(3, d); |
| 20 |       if(cal >= max) max = cal; |
| 21 |       printf("%s %s %s %s %d %d\n", k[a], k[b], k[c], k[d], cal, max); |
| 22 |      } |
| 23 | } |
| 24 | int main() |

| 25 | { |
|---|---|
| 26 | printf("안나 버나드 크리스틴 다니엘 하트수 최댓값\n"); |
| 27 | printf("-------------------------------\n"); |
| 28 | table(); |
| 29 | printf("%d", max); |
| 30 | return 0; |
| 31 | } |

| 줄번호 | 코드 설명 |
|---|---|
| 02 | 현재 조합의 하트 수와 최대 하트 수를 저장하기 위한 변수 cal, max를 선언하고 초기화합니다. 변수의 쓰임을 고려하고 가독성을 높이기 위해 전역변수로 선언하였습니다. |
| 03 | 음료수의 종류를 숫자로 변환하기 위한 2차원 배열 k[][]를 선언하고 초기화합니다. 예를 들어, k[0]는 콜라, k[1]는 주스를 뜻합니다. |
| 04 | 음료수 선호도를 저장하기 위한 2차원 배열 p[][]를 선언하고 초기화합니다. 예를 들어, 'p[1][2]=1'은 버나드(1)가 3번째(2)로 좋아하는 음료수가 주스라는 뜻입니다. |
| 05~09 | 사람(who)과 음료수(drink)가 주어지면 하트 개수를 구해주는 함수 heart(who, drink)입니다. who는 사람의 번호, drink는 음료수 번호이며, <음료수 선호도>를 저장한 배열 p[][]를 검사하여 하트 수를 반환합니다. 예를 들어, heart(2, 1)를 호출하면 크리스틴(2)이 주스(1)를 선택한 경우를 뜻하며, 이때의 하트는 3개(4−1)입니다. |
| 10~23 | 네 명의 친구가 모든 음료수를 선택하는 24가지 경우를 살펴보기 위한 함수 table()입니다. 사람이 4명이므로 4중 반복문을 사용하였고, 음료수의 종류가 4개이므로 각 반복문의 반복 횟수는 4회(0~3)입니다. 다만, 각 음료수의 개수가 1개씩이기 때문에 중복을 방지하는 코드(18번 줄)를 삽입하였습니다. 앞서 정의한 heart() 함수를 이용하여 현재 선택한 음료수 조합에 대한 하트 수를 계산(19번 줄)하고, 지금까지의 최댓값과 비교(21번 줄)하는 코드가 포함되어 있습니다. |
| 24~31 | table() 함수를 호출하고 최대 하트 수(max)를 출력하기 위한 main() 함수입니다. 본 프로그램의 주요 부분을 table() 함수와 heart() 함수로 모듈화하였기 때문에 main() 함수는 간단하게 정의될 수 있습니다. |

위 프로그램을 실행하면 <상태 변화표>가 출력되는 것을 알 수 있습니다. 이와 같이 일정한 범위 내에서 원하는 답을 찾는 방법을 탐색(searching) 알고리즘이라고 합니다. 물론 앞서 살펴본 그리디 알고리즘에 비하면 수행시간의 관점에서 효율이 떨어집니다. 그러나 알고리즘의 설계와 프로그램 작성이 간단하다는 장점이 있습니다. 또한, 문제의 상황이나 조건이 달라지더라도 프로그램 일부를 수정하면 쉽게 최적해를 찾을 수 있습니다.

• 꼭 도전해 보세요. '한 걸음 더!' 나아갈 수 있습니다.

마지막으로 지금까지의 학습경험을 바탕으로 '탄산음료 가게' 문제의 조건(사람 수, 음료수 수, 음료수 선호도 등)을 변경하여 새로운 문제를 만들어보고, 이를 해결하는 프로그램을 작성해봅시다.

# 스스로 평가하기

| 평가문항 | 매우 우수 | 우수 | 보통 |
|---|---|---|---|
| 비버챌린지 문제 해결을 위해 문제를 분석하고 핵심요소를 추출할 수 있나요? | | | |
| 비버챌린지 문제 해결을 위해 알고리즘을 설계·적용할 수 있나요? | | | |
| 비버챌린지 문제를 수정하고 프로그래밍을 통해 해결할 수 있나요? | | | |

# 파이선 코드

※ 다음은 앞서 113~114페이지에 제시한 C언어 프로그램을 파이선으로 작성한
것입니다. 파이선에 익숙하다면 아래 코드를 참고하세요.

| 줄번호 | 소스코드 |
|---|---|
| 01 | cal, max_ = 0, 0 |
| 02 | k=["콜라", "주스", "커피", "탄산수"] |
| 03 | p=[[0,1,2,3],[0,2,1,3],[0,2,1,3],[3,0,2,1]] |
| 04 | |
| 05 | def heart(who, drink): |
| 06 |   for i in range(4) : |
| 07 |     if p[who][i] == drink : |
| 08 |       return 4–i |
| 09 | |
| 10 | def table(): |
| 11 |   global cal |
| 12 |   global max_ |
| 13 |   for a in range(4): |
| 14 |     for b in range(4): |
| 15 |       for c in range(4): |
| 16 |         for d in range(4): |
| 17 |           if a==b or a==c or a==d or b==c or b==d or c==d : |
| 18 |             continue |
| 19 | |
| 20 |           cal = heart(0,a) + heart(1,b) + heart(2,c) + heart(3, d) |
| 21 |           if cal >= max_ : |
| 22 |             max_ = cal |
| 23 |           print(k[a],k[b],k[c],k[d],cal,max_) |
| 24 | |
| 25 | print("안나 버나드 크리스틴 다니엘 하트수 최댓값") |
| 26 | print("------------------------------------------") |
| 27 | table() |
| 28 | print(max_) |

# 9장

# 사탕 수집하기

**학습내용** 문제 분해, 모델링, 알고리즘 설계, 배열

**학습목표**
– 복잡하고 어려운 문제를 해결 가능한 작은 단위의 문제로 분해하고 모델링한다.

– 순차 구조, 선택 구조, 반복 구조 등의 제어 구조를 활용하여 논리적이고 효율적인 알고리즘을 설계한다.

– 배열의 개념을 이해하고 배열을 활용한 프로그램을 작성한다.

# 9장

## 사탕 수집하기

여러분은 어려운 문제와 복잡한 문제의 차이점을 알고 있나요? 어려운 문제란 해결방법을 쉽게 떠올리지 못하는 문제를 말합니다. 따라서 해결방법만 알면 쉬운 문제들이죠. 그렇다면 복잡한 문제는 무엇일까요? 그리고 어떻게 해결해야 할까요?

• 복잡하지만 해결 방법을 떠올릴 수 있는 문제라면 문제를 잘 분석하고 처리 절차를 설계하여 효율적으로 해결할 수 있다.

| 거실 청소 | 주방 청소 | 방 청소 | 욕실/화장실 청소 |

≫ 청소하는 문제는 어려울까, 복잡할까?

이번 챕터에서는 복잡한 문제를 효율적으로 해결하기 위한 문제분해, 모델링 과정에 유의하여 알고리즘을 설계한 뒤 프로그래밍을 통해 자동화하는 활동을 비버챌린지의 '사탕 수집하기' 문제를 통해 학습해 보겠습니다.

# 학습내용 이해하기

복잡한 문제는 여러 번의 절차를 통해 해결해야 하는 문제를 뜻합니다. 예를 들어, 아래의 그림에서 '서로 다른 4개의 점을 연결하여 만들 수 있는 정사각형의 개수'를 구하는 문제가 여기에 해당합니다.

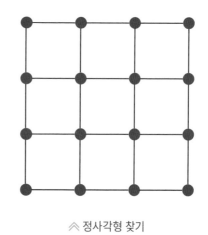

≪ 정사각형 찾기

이 문제를 해결하기 위한 특별한 방법이 있을까요? 만약 그렇다면 좋겠지만, 대부분은 번뜩이는 아이디어가 떠오르지 않을 것입니다. 결국은 '문제 그대로' 서로 다른 4개의 점을 연결하여 만들 수 있는 정사각형의 개수를 세어보아야 합니다. 그런데 무작정 눈에 보이는 정사각형을 세다 보면 헷갈리기 쉽습니다. 따라서 다음과 같이 나누어 해결해보면 어떨까요?

• 점과 점 사이를 잇는 선분의 길이를 1이라고 가정한다.

≪ 정사각형 찾기: 문제분해와 모델링

우선 한 변의 길이가 1인 정사각형만 세어봅니다. 쉽게 9개임을 알 수 있습니다. 그리고 한 변의 길이가 2인 정사각형을 세보면 4개임을 알 수 있습니다. 대각선을 한 변으로 갖는 마름모 형태의 정사각형도 보이죠? 어떤가요? 더 쉽게 해결할 수 있지 않나요?

복잡한 문제의 해결을 위해 여러 번의 절차가 필요하다는 것은, 복잡한 문제가 여러 개의 작은 문제로 구성되어 있음을 뜻하는 것입니다. 각각의 절차는 각각의 문제를 해결하는 방법이며, 이것들을 적절하게 구조화(모델링)하면 원래 문제를 효율적으로 해결할 수 있습니다. 문제분해와 모델링, 이것이 복잡한 문제 해결의 열쇠입니다.

# 도전! 비버챌린지

※ 비버챌린지의 '사탕 수집하기(2017, 캐나다)' 문제를 해결해봅시다.

**문제의 배경**

사탕 수집 로봇 캔디는 사탕을 최대한 많이 수집할 수 있도록 프로그램이 되어 있다. 캔디는 여러 구역을 돌아다니며 사탕들을 수집한다. 아래 그림의 각 구역에는 0, 1, 2, 3개의 사탕들이 놓여있다.

캔디는 사탕 수집을 그림 가장 아랫줄의 가장 왼쪽에 있는 S(시작) 구역에서 시작하고, 그림 가장 윗줄의 가장 오른쪽에 있는 F(끝) 구역에서 사탕 수집을 끝낸다. 캔디는 위쪽이나 오른쪽으로만 이동할 수 있다.

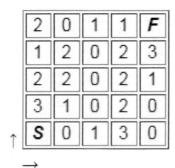

**문제/도전**

사탕 수집 로봇 캔디가 그림의 구역들을 이동하면서 모을 수 있는 사탕은 최대 몇 개일까?

A) 10개          B) 12개          C) 14개          D) 16개

'사탕 수집하기' 문제를 어떻게 해결할 수 있을까요?

이 문제의 현재 상태는 로봇 캔디가 S(시작) 구역에서 출발하기 전 상태이며, 목표 상태는 로봇 캔디가 최대 개수의 사탕을 수집하여 F(끝) 구역에 도착한 상태입니다.

이 문제를 해결하는데 필요한 필수적인 요소는 전체 구역의 크기, 각 구역에 놓여있는 사탕의 개수, 캔디가 출발할 때 가지고 있는 사탕의 개수, 캔디의 이동 가능 방향, 캔디의 출발 구역과 도착 구역 등입니다. 전체 구역은 가로 5칸, 세로 5칸 총 25칸이며 각 구역에 놓여있는 사탕의 개수는 문제에 제시된 그림과 같습니다. 캔디는 처음에 사탕을 가지고 있지 않은 채 출발하고, 전체 구역의 왼쪽 아래 구역에서 출발하여 오른쪽이나 위쪽으로만 이동이 가능하며 맨 오른쪽 위 구역에 도착해야 합니다.

로봇 캔디가 시작 구역부터 각각의 구역에 도착할 때까지 항상 최대 개수의 사탕을 수집하면서 이동을 한다면 끝 구역에서도 역시 최대 개수의 사탕을 가지게 된다는 아이디어를 가지고 문제를 해결해봅시다.

전체 구역을 가로, 세로 각 5칸짜리 표로 나타내봅시다. 그리고 구역의 위치를 (행, 열) 좌표로 표현하기 위해서 다음과 같이 행 번호와 열 번호를 표시합니다. 시작 위치인 (5, 1)에서는 수집한 사탕이 없으므로 0으로 표시합니다.

| 행\열 | 1 | 2 | 3 | 4 | 5 |
|---|---|---|---|---|---|
| 1 | 2 | 0 | 1 | 1 | F |
| 2 | 1 | 2 | 0 | 2 | 3 |
| 3 | 2 | 2 | 0 | 2 | 1 |
| 4 | 3 | 1 | 0 | 2 | 0 |
| 5 | 0 | 0 | 1 | 3 | 0 |

로봇이 시작 위치 (5, 1)에서 위쪽으로 한 칸 이동하면 3개의 사탕을 수집할 수 있고, 오른쪽으로 한 칸 이동하면 0개의 사탕을 수집할 수 있게 됩니다. 따라서 (4, 1)에는 (5, 1)부터 (4, 1)까지 가는 동안 최대로 모을 수 있는 사탕의 개수 3으로 업데이트합니다. 그리고 (5, 2)에는 (5, 1)부터 (5, 2)까지 가는 동안 사탕을 수집할 수 없으므로 0으로 업데이트합니다.

| 행\열 | 1 | 2 | 3 | 4 | 5 |
|---|---|---|---|---|---|
| 1 | 2 | 0 | 1 | 1 | F |
| 2 | 1 | 2 | 0 | 2 | 3 |
| 3 | 2 | 2 | 0 | 2 | 1 |
| 4 | **3** | 1 | 0 | 2 | 0 |
| 5 | **0** | **0** | 1 | 3 | 0 |

로봇은 위쪽이나 오른쪽으로만 이동하므로 각 구역을 기준으로 보면 로봇이 아래쪽이나 왼쪽에서 이동해오게 됩니다. 로봇이 (5, 1)에서 출발하여 (4, 2)에 도착할 때까지 최대로 수집할 수 있는 사탕의 개수는 어떻게 구할 수 있을까요? 만약 로봇이 (5, 2)를 거쳐 아래쪽에서 이동해온다면 총 1개를 수집할 수 있지만 (4, 1)를 거쳐 왼쪽에서 이동해온다면 총 4개를 수집할 수 있습니다. 그렇다면 (4, 2)에 도착할 때까지 최대로 수집할 수 있는 사탕의 개수는 4개가 됩니다.

| 행\열 | 1 | 2 | 3 | 4 | 5 |
|---|---|---|---|---|---|
| 1 | 2 | 0 | 1 | 1 | F |
| 2 | 1 | 2 | 0 | 2 | 3 |
| 3 | 2 | 2 | 0 | 2 | 1 |
| 4 | **3** | **4** | 0 | 2 | 0 |
| 5 | **0** | **0** | 1 | 3 | 0 |

즉, 로봇이 시작 구역에서 어느 (x, y) 구역까지 이동하는 동안 수집할 수 있는 사탕의 최대 개수는, 그 구역의 왼쪽인 (x, y-1)까지 이동하는 동안 수집할 수 있는 사탕의 최대 개수와 그 구역의 아래쪽인 (x+1, y)까지 이동하는 동안 수집할

수 있는 사탕의 최대 개수 둘 중에서 더 큰 값(Ⓐ)과 그 구역 (x, y)에 놓여있던 사탕의 개수(Ⓑ)를 합한 것과 같습니다. 이를 수식으로 나타내면 다음과 같습니다.

$$v(x, y) = \underset{Ⓐ}{\underline{\max(\ v(x, y{-}1),\ v(x{+}1, y)\ )}} + \underset{Ⓑ}{\underline{c(x, y)}}$$

- v(x, y): (x, y) 구역까지 이동해오는 동안 수집할 수 있는 사탕의 최대 개수
- c(x, y): (x, y) 구역에 놓여있던 사탕의 개수
- max(a, b): a, b 두 값 중 더 큰 값

로봇이 시작 위치에서 각 구역까지 이동하는 동안 수집할 수 있는 사탕의 최대 개수를 구해 표를 채워 나가면 최종적으로 다음과 같은 결과를 얻게 됩니다.

| 행\열 | 1 | 2 | 3 | 4 | 5 |
|---|---|---|---|---|---|
| 1 | 8 | 9 | 10 | 12 | 14 |
| 2 | 6 | 9 | 9 | 11 | 14 |
| 3 | 5 | 7 | 7 | 9 | 10 |
| 4 | 3 | 4 | 4 | 6 | 6 |
| 5 | 0 | 0 | 1 | 4 | 4 |

- 종이에 표를 그려보고 표의 값을 차례차례 직접 채워본다.

이렇게 표 일부를 어떤 값으로 직접 채운 후, 나머지 칸들은 주변의 값들을 참조하여 동적으로 채우는 표를 동적 표(dynamic table)라고 합니다. 동적 표를 이용하면 로봇 캔디가 F(끝) 구역에 도착했을 때 최대 14개의 사탕을 수집할 수 있다는 것을 쉽게 알아낼 수 있습니다.

# 한 걸음 더!

컴퓨팅 사고력 키우기에서 살펴본 문제 해결 절차를 프로그램으로 구현해봅시다.

다음은 문제에서 주어진 5×5 크기의 구역에 사탕이 놓여있는 상태를 2차원 배열로 나타내고, 동적 표 채우기 방법을 이용하여 로봇이 최대로 수집할 수 있는 사탕의 개수를 알아내는 C언어 프로그램입니다. 프로그램을 작성하고 실행해봅시다.

| 줄번호 | 소스코드 |
|---|---|
| 01 | #include <stdio.h> |
| 02 | |
| 03 | int map[6][6]={ |
| 04 |   {0,0,0,0,0,0}, |
| 05 |   {0,2,0,1,1,0}, |
| 06 |   {0,1,2,0,2,3}, |
| 07 |   {0,2,2,0,2,1}, |
| 08 |   {0,3,1,0,2,0}, |
| 09 |   {0,0,0,1,3,0} |
| 10 | }; |
| 11 | int dt[10][10]; |
| 12 | int ans; |
| 13 | int max(int a, int b){ |
| 14 |   return a>b?a:b; |
| 15 | } |
| 16 | void solve(){ |
| 17 |   for(int i=5; i>=1; i--){ |
| 18 |     for(int j=1; j<=5; j++){ |
| 19 |       dt[i][j]=max(dt[i][j-1], dt[i+1][j])+map[i][j]; |
| 20 |     } |
| 21 |   } |
| 22 |   ans=dt[1][5]; |
| 23 | } |
| 24 | void print(){ |
| 25 |   printf("Answer : %d\n", ans); |
| 26 |   for(int i=1; i<=5; i++){ |
| 27 |     for(int j=1; j<=5; j++){ |
| 28 |       printf("%2d ", dt[i][j]); |
| 29 |     } |

```
30        printf("\n");
31      }
32    }
33    int main(){
34      solve();
35      print();
36      return 0;
37    }
```

| 줄번호 | 코드 설명 |
|---|---|
| 3~10 | 문제에서 제시된 구역에 사탕이 놓여있는 개수를 2차원 배열로 나타냅니다. 사탕이 놓인 구역의 좌표와 배열의 인덱스를 편의상 일치시키기 위해 0행, 0열에 0이라는 의미 없는 값을 채워 넣었습니다. |
| 11 | 시작 위치부터 구역의 각 위치까지 로봇이 이동하며 수집할 수 있는 최대 사탕의 개수를 구하여 동적으로 표를 채우기 위한 2차원 배열 dt[][]를 선언합니다. |
| 12 | F(끝) 위치까지 이동하는 동안 수집할 수 있는 최대 사탕의 개수를 저장할 변수 ans를 선언합니다. |
| 13~15 | 매개변수로 전달되는 두 개의 값을 비교하여 더 큰 값을 돌려주는 함수 max()를 정의합니다. `return a>b?a:b` 는 `if(a>b) return a; else return b;` 와 같은 의미의 삼항 연산입니다. |
| 16~23 | 각 구역의 왼쪽 칸까지의 최댓값과 아래쪽 칸까지의 최댓값 중 더 큰 값과 현재 구역의 사탕 개수를 더한 값으로 dt[][] 배열을 동적으로 채웁니다. 이때 for 문의 초기식과 조건식을 살펴보면 로봇의 출발 위치부터 도착 위치까지 표를 채워나가게 되는 것을 알 수 있습니다. |
| 24~32 | 값이 모두 채워진 dt[][] 배열을 출력합니다. |

위와 같이 문제 해결의 아이디어를 짧고 간단한 코드로 구현하여 '사탕 수집하기' 문제의 답을 쉽게 구할 수 있습니다. 동적 표(dynamic table)를 이용한 알고리즘은 이전에 구해놓은 값을 이용하여 다음 값을 빠르게 구해나가며 최종적으로 원하는 값을 얻을 수 있는 쉽고도 강력한 알고리즘입니다.

'사탕 수집하기' 문제의 조건(사탕 개수, 출발 위치와 도착 위치, 이동 가능 방향, 최소 수집 등)을 변경하여 새로운 문제를 만들어보고, 프로그램의 변수나 배열을 수정하여 해결해봅시다.

• 꼭 도전해 보세요. '한 걸음 더!' 나아갈 수 있습니다.

# 스스로 평가하기

| 평가문항 | 매우 우수 | 우수 | 보통 |
|---|---|---|---|
| 비버챌린지 문제 해결을 위해 문제를 분석하고 핵심요소를 추출할 수 있나요? | | | |
| 비버챌린지 문제 해결을 위해 알고리즘을 설계·적용할 수 있나요? | | | |
| 비버챌린지 문제를 수정하고 프로그래밍을 통해 해결할 수 있나요? | | | |

# 파이선 코드

※ 다음은 앞서 126~127페이지에 제시한 C언어 프로그램을 파이선으로 작성한
것입니다. 파이선에 익숙하다면 아래 코드를 참고하세요.

| 줄번호 | 소스코드 |
|---|---|
| 01 | map=[ |
| 02 | [0,0,0,0,0,0], |
| 03 | [0,2,0,1,1,0], |
| 04 | [0,1,2,0,2,3], |
| 05 | [0,2,2,0,2,1], |
| 06 | [0,3,1,0,2,0], |
| 07 | [0,0,0,1,3,0] |
| 08 | ] |
| 09 | |
| 10 | dt=[[0]*10 for i in range(10)] |
| 11 | |
| 12 | def solve(): |
| 13 | for i in range(5,0,–1): |
| 14 | for j in range(1,6): |
| 15 | dt[i][j]=max(dt[i][j–1],dt[i+1][j])+map[i][j] |
| 16 | global ans |
| 17 | ans = dt[1][5] |
| 18 | |
| 19 | def Print(): |
| 20 | print("Answer:", ans) |
| 21 | for i in range(1,6): |
| 22 | for j in range(1,6): |
| 23 | print('%2d '%dt[i][j],end='') |
| 24 | print('') |
| 25 | |
| 26 | solve() |
| 27 | Print() |

# ME
# MO

# 10장

## 자전거 타기는 재미있어

**학습내용**  모델링, 알고리즘 설계

**학습목표**  – 복잡하고 어려운 문제를 해결 가능한 작은 단위의 문제로 분해하고 모델링한다.

– 순차 구조, 선택 구조, 반복 구조 등의 제어 구조를 활용하여 논리적이고 효율적인 알고리즘을 설계한다.

# 10장

## 자전거 타기는
## 재미있어

# 생각열기

우리는 가끔 책이나 문서 파일 등에서 오탈자나 짝이 안 맞는 따옴표를 볼 때가 있습니다. 사람은 융통성을 발휘하여 이해하고 넘어갈 수 있지만 컴퓨터는 어떨까요? 스프레드 시트 수식을 작성할 때, 또는 프로그램 코드를 작성할 때 컴퓨터는 사소한 잘못에도 오류 메시지를 출력하곤 합니다. 다음 그림의 수식에서 잘못된 부분을 찾아볼까요?

| fx | =if(and(F2>=28, E2>=9),"A",if(F2>=26, "B", "C"))) | | | | | | | | |
|---|---|---|---|---|---|---|---|---|---|
| | A | B | C | D | E | F | G | H | I | J |
| 1 | 번호 | 이름 | 보고서 | 발표 | 프로그래밍 | 총점 | 평점 | | | |
| 2 | 1 | 김개똥 | 8 | 7 | 7 | 22 | =if(and(F2>=28, E2>=9),"A",if(F2>=26, "B", "C"))) | | | |
| 3 | 2 | 황소똥 | 9 | 9 | 10 | 28 | | | | |
| 4 | 3 | 배말똥 | 8 | 10 | 10 | 28 | | | | |
| 5 | 4 | 전쥐똥 | 10 | 8 | 9 | 27 | | | | |
| 6 | 5 | 박뱀똥 | 9 | 9 | 8 | 26 | | | | |

| fx | =if(and(F2>=28, E2>=9),"A",if(F2>=26, "B", "C"))) |
|---|---|

평점의 기준: 보고서, 발표, 프로그래밍의 총점이 28점 이상이면 'A', 26점 이상이고 28점 미만이면 'B', 26점 미만이면 'C'

바로 찾았나요? 위의 수식에는 괄호의 짝이 맞지 않는 오류가 있습니다. 즉, 여는 괄호와 닫는 괄호의 개수가 다릅니다. 컴퓨터는 이러한 오류를 놓치지 않고 알려줍니다. 컴퓨터는 수식의 괄호 쌍이 맞는지 어떻게 검사할까요?

이번 챕터에서는 비버챌린지의 '자전거 타기는 재미있어' 문제를 통해 복잡한 문제를 분석하여 추상화하고, 단순한 형태로 모델링하여 해결하는 방법을 학습해 보겠습니다.

엑셀의 IF 함수: if(조건, "참인 경우", "거짓인 경우")의 형식으로 조건을 검사하여 True 또는 False인지에 따라 2가지 중 하나의 동작을 하게 되는 함수로, C언어나 파이선에서 if-else 문과 동일하다.

형식 언어: 특정한 법칙들에 따라 적절하게 구성된 문자열들의 집합으로, 수학, 컴퓨터과학, 언어학에서 쓰인다.

우리가 사용하는 자연 언어의 문법 구조를 수학적 측면에서 형식화하여 자연 언어보다 훨씬 간단하고 명확히 규정한 인공 언어를 형식 언어(formal language)라고 합니다. 이는 유한한 종류의 문자로 이루어진 유한한 길이의 문자열 집합으로 이루어져 있으며 수학, 논리학, 컴퓨터과학 등에서 사용되고 있습니다. 이 중 독일의 수학자 발터 폰 뒤크(Walther von Dyck)의 이름을 딴 뒤크 단어(Dyck word)에 대해 알아볼까요? n개씩의 X와 Y로 이루어진 문자열 중 처음부터 X와 Y의 개수를 세었을 때 항상 X가 Y의 개수가 같은 것을 뒤크(또는 다이크) 단어라고 합니다.

XXXYYY    XYXXYY    XYXYXY    XXYYXY    XXYXYY

(n=3인 뒤크 단어의 예)

뒤크 단어에서 '('를 여는 괄호로, ')'를 닫는 괄호로 나타내봅시다. 뒤크 단어의 정의에 의하면 올바른 괄호 구조는, 여는 괄호와 닫는 괄호의 개수가 동일하여야 한다는 것, 그리고 여는 괄호가 닫는 괄호보다 먼저 나와야 한다는 것입니다.

뒤크 단어에서 '('를 산의 오르막, ')'를 산의 내리막으로 표현해 봅시다. 올바른 산의 조건은 산이 지상에서 시작하여 지상에서 종료되어야 합니다.

괄호표시 예시

| ( | ( | ( |
|---|---|---|
| ( | ) | ) |
| ) | | ) |

오르막 오르막 오르막
오르막 내리막 내리막
내리막 내리막

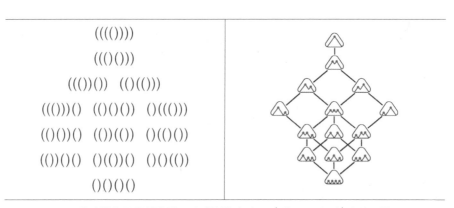

≫ 4쌍의 괄호로 구성된 뒤크 단어와 틸만 피스크(Tilman Piesk)의 산 그림

생각열기의 그림에 제시된 수식의 괄호 쌍이 맞는지 확인하는 과정은 뒤크 단어의 균형 조건을 판단하는 과정과 동일합니다. 위와 같이 주어진 문제를 이해하고 해결하기 쉬운 형태로 표현하는 것을 모델링이라고 합니다.

# 도전! 비버챌린지

※ 비버챌린지의 '자전거 타기는 재미있어(2017, 독일)' 문제를 해결해봅시다.

### 문제의 배경

바이크펀(BikeFun)은 마을의 새로운 명소이다. 바이크펀에 있는 자전거들은 여러 구간으로 이루어진 코스들을 이동한다. 각 코스는 여러 개의 내리막, 오르막, 평지 구간들로 구성되어 있다. 코스들은 1개 이상의 구간들로 이루어지며 다음과 같은 규칙에 따라 만들어져야 한다.

- 자전거의 속력은 처음에 시속 0km로 시작한다.
- 내리막 구간에서는 이전 속력에서 시속 10km만큼 더 빨라진다.
- 오르막 구간에서는 이전 속력에서 시속 10km만큼 느려진다.
- 평지 구간에서는 다음 2가지 중 하나를 선택해야 한다. 시속 10km만큼 더 빠르게 하거나 느리게 할 수 있다.

코스의 마지막에서는 시속 0km로 마쳐야 하고, 코스의 마지막에 도착하기 전에 멈추면 안된다.(속력이 0이 되지 않도록 해야 한다.) 아래는 위의 규칙에 따라 만들어진 코스를 나타낸 그림이다. 평지 구간에서는 동그라미 안에 표시되어 있는 것처럼 가속하거나/감속해야 한다. 사각형은 하나의 구간을 의미한다.

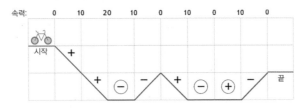

### 문제/도전

다음 중 규칙에 맞게 구성된 코스는 어떤 것일까?

A)

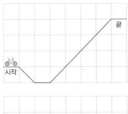

B)

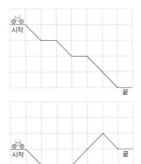

C)

D)

# 컴퓨팅 사고력 키우기

'자전거 타기는 재미있어' 문제를 어떻게 해결할 수 있을까요?

이 문제의 현재 상태는 각 자전거 코스가 규칙에 맞는 코스인지 알 수 없는 상태이며, 목표 상태는 각 코스가 규칙에 맞는 코스인지 아닌지 판단된 상태입니다.

이 문제를 해결하는데 필요한 필수적인 요소는 이동할 구간 수, 자전거의 처음 속력, 구간 종류별 속력 변화 규칙, 끝 지점에 도착하기 전에 속력이 0 이하가 되지 않아야 하는 규칙 정도가 될 것입니다. 코스마다 이동할 구간 수는 6구간이며, 각 구간의 종류는 내리막, 오르막, 평지가 있습니다. 내리막에서는 속력이 10km/h 증가하고, 오르막에서는 속력이 10km/h 감소하며, 평지에서는 10km/h 증가 또는 감소 중 하나를 선택할 수 있습니다. 또한, 자전거는 끝 지점에 도착하기 전에 멈추면 안 됩니다.

이 문제는 자전거가 각 코스의 시작 지점에서 출발하여 내리막, 오르막, 평지를 거쳐 끝 지점에 도착해서야 속력이 0이 되는 코스가 어느 것인지를 찾는 문제입니다. 각 코스가 이러한 규칙에 맞게 구성되어 있는지 좀 더 쉽게 확인하기 위해 속력의 변화를 다음과 같은 기호로 표현해 봅시다.

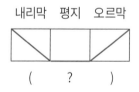

내리막 구간을 여는 괄호 '('로 표현하고, 오르막 구간을 닫는 괄호 ')'로 표현합니다. 평지 구간은 우선 '?'로 표현한 뒤 여는 괄호나 닫는 괄호로 자유롭게 바꿀 수 있도록 합니다. 규칙에 맞게 구성된 코스는 결국, 괄호로 표현했을 때 괄호의 쌍이 알맞게 나열된 코스라고 정의할 수 있습니다.

코스 A에서 D까지 살펴봅시다.

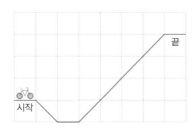

　– 코스 A: 괄호 표현으로 바꾸면 (?)))) 입니다. '?'를 '('로 바꾸면 '((()))'가 되고, ')'로 바꾸면 '())))'가 됩니다. 어떻게 하더라도 괄호의 쌍이 맞지 않습니다. 즉, 2번째 평지 구간에서 속력을 빠르게 하면 4번째 구간을 지나서 멈추게 되고, 느리게 하면 2번째 구간을 지나서 멈추게 됩니다. 즉, 끝 지점에 도착하기 전에 자전거가 멈추게 되므로 올바른 코스가 아닙니다.

　– 코스 B: 괄호 표현으로 바꾸면 '(?(?((' 입니다. '?'를 모두 ')'로 바꾸더라도 '()()((' 와 같이 올바른 괄호 쌍을 만들 수 없습니다. 즉, 끝 지점에서 속력이 0km/h가 되지 않아 자전거가 멈추지 않습니다.

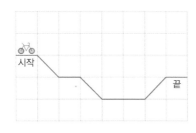

　– 코스 C: 괄호 표현으로 바꾸면 '(?(??)'입니다. 위의 A, B 코스에서 살펴본 바와 같이 '?'를 '(' 또는 ')'로 바꿔서 올바른 괄호 쌍을 만들 수 있으면 올바른 자전거 코스가 될 수 있습니다. '((()))' 또는 '()(())' 또는 '()()()'와 같이 올바른 괄호 쌍을 만들 수 있으므로 이 코스는 올바른 코스가 될 수 있습니다.

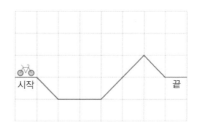

– 코스 D: 괄호 표현으로 바꾸면 '(??))('입니다. 마지막에 여는 괄호로 끝났으니 그 앞이 어떻게 되더라도 올바른 괄호 쌍이 될 수 없습니다. 즉, 마지막 6번째 구간에서 속력을 높인 후 끝 지점에서 속력이 0이 되려면 5번째 구간을 지나고 나서 음(-)의 속력 상태여야 합니다. 하지만 속력이 음(-)이 될 수는 없으므로 이 코스는 불가능한 코스입니다.

자전거 코스의 내리막길, 오르막길, 평지구간을 (, ), ? 또는 +, -, □ 등의 기호로 단순하게 표현하고, 어떤 모양이 문제의 조건을 만족하는지 등을 정의하여 모델링함으로써 문제를 더 쉽게 이해하고 빠르게 해결할 수 있습니다.

# 한 걸음 더!

'자전거 타기는 재미있어' 문제 해결 방법을 바탕으로 '뒤크 단어 판별' 문제를 프로그램으로 구현해봅시다.

### 뒤크 단어의 조건

- 여는 괄호('(')와 닫는 괄호(')')가 포함된 문자열이다.
- 모든 닫는 괄호들은 자신과 짝을 이룰 수 있는 여는 괄호가 있어야 하며, 이때 닫는 괄호는 여는 괄호의 앞에 올 수 없다.

참고자료: https://zhuan lan.zhihu.com/p/31317307

### 예시

- 옳은 규칙: (b(a)), (a)(b), (a)(b(cd)e)
- 틀린 규칙: (a)), b)(, (a)(, (a)b)c(d

다음은 여는 괄호 '(', 닫는 괄호 ')'가 포함된 문자열이 입력되었을 때, 그 단어가 뒤크 단어인지를 판별하는 C언어 프로그램입니다. 프로그램을 작성하고 실행해봅시다.

| 줄번호 | 소스코드 |
|---|---|
| 01 | #include <stdio.h> |
| 02 | char brace[30]; |
| 03 | int open, error, i; |
| 04 | int main() |
| 05 | { |
| 06 | scanf("%s", brace); |
| 07 | for(i = 0; brace[i] != '\0'; i++) |
| 08 | { |
| 09 | if( brace[i] == '(' ) open++; |
| 10 | else if( brace[i] == ')' ) |
| 11 | { |
| 12 | open = open – 1; |
| 13 | if( open < 0 ) error++; |
| 14 | } |
| 15 | } |
| 16 | if( error > 0 \|\| open != 0 ) printf("wrong rule"); |
| 17 | else printf("right rule"); |
| 18 | } |

| 줄번호 | 코드 설명 |
|---|---|
| 02<br>03 | 문자열을 저장하기 위한 문자열 배열 변수 brace[]를 선언합니다.<br>여는 괄호 '('의 개수를 저장하기 위한 변수 open, 여는 괄호와 닫는 괄호의 개수 차를 저장하기 위한 변수 error를 선언합니다. |
| 04~18 | 뒤크 단어 여부를 판별하고 결과를 출력하기 위한 main() 함수입니다. 먼저, 판별할 문자열을 입력받아서 brace 변수에 저장(6번 줄)합니다. 문자열의 첫 번째 문자부터 마지막 문자까지 차례로 여는 괄호 '('의 수를 세고(9번 줄), 닫는 괄호 ')'의 수만큼 여는 괄호의 개수(open)를 감소(12번 줄)시키고, 뒤크 단어 여부를 확인하고 error 변수에 기록(13번 줄)하는 과정을 반복합니다. 뒤크 규칙에 어긋나면 'wrong rule'을 출력하고, 그렇지 않으면 'right rule'을 출력합니다. |

위와 같이 프로그래밍을 할 때 문제 상황에서 핵심 요소에 해당하는 추상적인 내용을 문자열이나 숫자 값으로 바꾸어 표현한다면, 프로그램에 값을 입력받고 처리하기도 수월해집니다.

• 꼭 도전해 보세요. '한 걸음 더!' 나아갈 수 있습니다.

'뒤크 단어 판별' 프로그램을 바탕으로 원래의 '자전거 타기는 재미있어' 문제를 해결하는 프로그램도 작성해봅시다.

# 스스로 평가하기

| 평가문항 | 매우 우수 | 우수 | 보통 |
|---|---|---|---|
| 비버챌린지 문제를 모델링할 수 있나요? | | | |
| 비버챌린지 문제 해결을 위해 알고리즘을 설계·적용할 수 있나요? | | | |
| 비버챌린지 문제를 수정하고 프로그래밍을 통해 해결할 수 있나요? | | | |

# 파이썬 코드

※ 다음은 앞서 139~140페이지에 제시한 C언어 프로그램을 파이썬으로 작성한
것입니다. 파이썬에 익숙하다면 아래 코드를 참고하세요.

| 줄번호 | 소스코드 |
|---|---|
| 01 | brace = list(input( )) |
| 02 | open , error = 0,0 |
| 03 | |
| 04 | for i in brace: |
| 05 |   if i == "(" : |
| 06 |     open += 1 |
| 07 |   elif i == ")" : |
| 08 |     open -= 1 |
| 09 |     if open < 0: |
| 10 |       error += 1 |
| 11 | if error > 0 or open != 0: |
| 12 |   print("wrong rule") |
| 13 | else: |
| 14 |   print("right rule") |

# 11장

## 물이 새는 곳 찾기

# 11장

## 물이 새는 곳 찾기

# 생각열기

여러분은 숫자 맞히기 게임을 해본 적이 있나요? 이 게임의 규칙은 다음과 같습니다.

숫자 맞히기 게임을 해 볼까요? 선생님이 가지고 있는 카드 속 숫자를 맞춰보세요. 숫자는 1부터 10까지 중 하나입니다.

5보다 크거나 같은건가요?

아니요.

2보다 크거나 같은건가요?

네.

3보다 크거나 같은건가요?

아니요.

1. 출제자가 마음속으로 1부터 100 중 하나의 숫자를 생각합니다.

2. 참가자들이 돌아가면서 임의의 숫자를 하나씩 말합니다.

3. 참가자가 말한 숫자보다 출제자가 생각한 숫자가 크다면 "업"을 말합니다.

4. 참가자가 말한 숫자보다 출제자가 생각한 숫자가 작다면 "다운"을 말합니다.

5. 참가자가 말한 숫자와 출제자가 생각한 숫자가 같다면 "정답"을 말합니다.

6. 1바퀴를 도는 동안 정답을 맞히면 참가자가, 정답을 맞히지 못하면 출제자가 승리합니다.

만약 10명의 인원이 참가하여 숫자 맞히기 게임을 진행한다면 누가 승리하게 될까요? 이 질문에 대한 정답은 어떤 방식으로 게임을 진행하는지에 따라 달라질 것입니다.

이번 챕터에서는 전통적인 탐색 알고리즘인 이진 탐색을 '물이 새는 곳 찾기' 문제를 통해 학습해 보겠습니다.

숫자 맞히기 게임을 한다고 생각해봅시다. 1부터 100 사이의 숫자 중 출제자가 생각한 숫자를 제한된 횟수 안에 맞추면 승리한다고 가정할 때, 어떻게 하면 승리할 확률을 높일까요?

이 문제를 해결하는 방법은 크게 2가지로 생각해볼 수 있습니다.

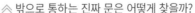

≪ 밖으로 통하는 진짜 문은 어떻게 찾을까?　　　　≪ 게임을 이기려면?

**순차 탐색 알고리즘:** 순차적인 검색을 통해 요소를 찾는 알고리즘이다. 일치하는 항목을 찾거나 전체 목록을 검색할 때까지 목록의 각 요소를 순서대로 확인한다.

**이진 탐색 알고리즘:** 오름차순으로 정렬된 리스트에서 특정한 값의 위치를 찾는 알고리즘이다. 처음 중간의 값을 임의의 값으로 선택하여, 그 값과 찾고자 하는 값의 크고 작음을 비교하는 방식을 채택하고 있다. 처음 선택한 중앙값이 만약 찾는 값보다 크면 그 값은 새로운 최댓값이 되며, 작으면 그 값은 새로운 최솟값이 된다. 검색 원리상 정렬된 리스트에만 사용할 수 있다는 단점이 있지만, 검색이 반복될 때마다 목푯값을 찾을 확률은 두 배가 되므로 속도가 빠르다는 장점이 있다.

첫 번째는 순서대로 하나씩 찾는 순차 탐색(sequential search)입니다. 예를 들어 1부터 순서대로 하나씩 증가시키거나 100부터 순서대로 하나씩 감소시키면서 정답을 확인하는 방법입니다. 다만 이러한 방식은 운이 나쁠 경우 100번을 확인해야 할 수도 있기 때문에 10번 안에 정답을 찾을 수 없을지도 모릅니다.

두 번째는 어떤 기준에 따라 미리 정렬되어있는 값들의 가운데 값과 찾고자 하는 값을 비교하며 탐색하는 이진 탐색(binary search)입니다. 예를 들어 32라는 값을 출제자가 생각했다면 50(다운), 25(업), 37(다운), 31(업), 34(다운), 32(정답)의 순서대로 진행하여 아무리 오래 걸려도 6번 만에 정답을 찾을 수 있게 됩니다.

이처럼 순차 탐색보다 더욱 효율적인 알고리즘인 이진 탐색에 대해 생각해보고, 이를 다른 문제 상황에도 적용할 수 있도록 해 봅시다.

※ 비버챌린지의 '물이 새는 곳 찾기(2018, 남아프리카공화국)' 문제를 해결해봅시다.

### 문제의 배경

어떤 길에 있는 16개의 집을 한 줄로 연결하는, 수도 공급 파이프의 어떤 한 곳에서 물이 새고 있다. 수도 공급을 담당하는 사람들은 그 위치가 어디인지 찾아내려 하고 있다.

물이 새는 곳의 위치를 빨리 찾아낼 수 있도록, 모든 집에서는 사용하는 수도꼭지를 모두 잠갔다.

물이 새는 위치를 찾아내기 위해서, 각 집 사이에 있는 밸브를 잠가보는 방법을 사용할 수 있다. 만약, 밸브를 잠갔는데도 계속 물이 샌다면, 계량기(Meter)는 계속 돌아갈 것이다.

만약 8번 집과 9번 집 사이에 있는 밸브를 잠갔는데도 계량기가 계속 돌아간다면, 1번 집부터 8번 집 사이의 파이프 구간 중 한 곳에서 물이 새는 것이라는 것을 알 수 있다(9번 집부터 16번 집 사이에서는 물이 새고 있지 않은 것이다.).

### 문제/도전

각 집으로 연결되는 16개의 수도 공급 파이프(그림에서 각 집으로 연결되는 빨강 파이프) 중에서 정확히 한 곳에서만 물이 새고 있다면, 밸브를 최소 몇 번 잠가보면 물이 새고 있는 파이프의 위치를 찾아낼 수 있을까? (                )

# 컴퓨팅 사고력 키우기

'물이 새는 곳 찾기' 문제를 어떻게 해결 수 있을까요?

이 문제의 현재 상태는 16개의 집을 한 줄로 연결하는 수도 공급 파이프의 어떤 한 곳에서 물이 새는지 모르는 상태이며, 목표 상태는 어디에서 물이 새는지 정확히 알고 있는 상태입니다.

이 문제 해결에 필요한 핵심적인 요소는 각 집의 위치와 수도 공급 상태(물이 샘/물이 새지 않음), 각 밸브의 위치와 상태(열림/잠금), 계량기의 상태(멈춤/돌아감)입니다. 그리고 이들 간에는 다음과 같은 관계가 있음을 알 수 있습니다.

- 각 집의 위치는 1~16번이고, 집에 있는 수도꼭지는 모두 잠근 상태이다.
- 나란한 두 집 사이에 1개의 밸브가 있으므로 밸브는 총 15개이고, 모두 열린 상태이다.
- 8~9번 집 사이에 있는 밸브를 잠근다는 것은, 1~8번 집에 물을 공급하고 9~16 번에는 물을 공급하지 않음을 뜻한다.
- 계량기의 위치는 1번 집보다 왼쪽이며, 연결된(끊기지 않은) 수도에 물이 공급되면 돌아간다.
- 물이 새는 집(수도 공급 파이프)은 1개이다.

이 문제를 해결하기 위한 가장 간단한 방법은 가장 앞(또는 뒤)에 있는 밸브부터 하나씩 잠가보는 것입니다. 먼저 1~2번 집 사이에 있는 밸브를 잠그면, 1번 집에는 물이 공급되고 2~16번 집에는 물이 공급되지 않게 됩니다. 그런데도 계량기가 돌아간다면 1번 집의 수도 공급 파이프에서 물이 새는 것이겠죠. 반대로 계량기가 돌아가지 않는다면, 2~16번 집 중 한 곳에서 물이 새는 것입니다. 그러나 정확히 어디인지는 알 수 없습니다.

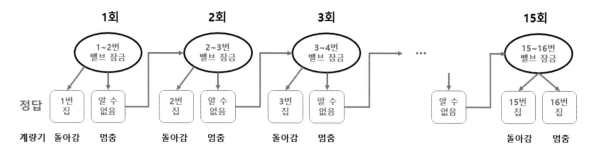

図 순차 탐색으로 물 새는 곳 찾기

　따라서 2~3번 집 사이에 있는 밸브도 추가로 잠가보아야 합니다. 이렇게 되면 2번 집에는 물이 공급되고 1번(이미 1~2번 밸브를 잠갔으므로)과 3~16번 집에는 물이 공급되지 않습니다. 이때에도 계량기가 돌아간다면 2번 집에서 물이 새는 것입니다. 만일 계량기가 돌아가지 않는다면, 3~16번 집 중 하나가 답입니다. 이러한 방식으로 나머지 밸브를 하나씩 잠가보면, 정답을 찾을 수 있습니다.

　이 방법의 효율은 어떨까요? 만일 1번 집에서 물이 새는 것이라면 1~2번 밸브를 잠그는 순간 답을 찾을 수 있습니다. 그러나 16번 집에서 물이 새는 것이라면 15~16번 밸브까지 잠가봐야 답(15번 집 또는 16번 집)을 찾을 수 있습니다. 즉, 운이 좋으면 한 번 만에, 운이 (매우) 나쁘면 열다섯 번 만에 답을 찾을 수 있죠. 이러한 방법을 순차 탐색이라고 합니다.

　또 다른 방법을 생각해봅시다. 이번에는 8~9번 집 사이의 밸브를 잠가봅시다. 이때 계량기가 돌아간다면 1~8번 집에서 물이 새는 것이고, 계량기가 돌아가지 않는다면 9~16번 집에서 물이 새는 것입니다. 따라서 계량기가 돌아가면 4~5번 밸브를, 그렇지 않으면 12~13번 밸브를 잠급니다.

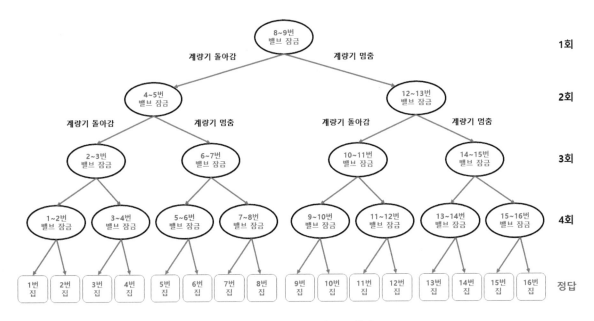

⌅ 이진 탐색으로 물 새는 곳 찾기

위와 같은 방법으로 이 문제를 해결하면 운에 상관없이 4회 만에 정답을 찾을 수 있습니다. 이 방법이 바로 이진 탐색입니다. 이러한 방법을 사용할 수 있는 이유는 계량기의 위치가 1번 집부터 왼쪽, 즉 길 위에서 한쪽 끝에 있기 때문입니다. 이 때문에, 문제에도 쓰여 있듯이, 만약 8번 집과 9번 집 사이에 있는 밸브를 잠갔는데도 계량기가 계속 돌아간다면, 1번 집부터 8번 집 사이의 파이프 구간 중 한 곳에서 물이 새는 것이고, 9번 집부터 16번 집 사이에서는 물이 새고 있지 않은 것임을 알 수 있기 때문입니다.

로그(logarithm, log): 수학 함수의 일종으로, 어떤 수를 나타내기 위해 고정된 밑을 몇 번 곱해야 하는지를 나타내는 함수이다.

만일, 집의 수가 100개, 1000개, …, n개이면 어떨까요? 순차 탐색으로는 최대 n번이 필요하지만, 이진 탐색으로는 $\log_2 n$이 필요합니다.

이러한 경우에 우리는 이진 탐색 알고리즘을 사용하여 최소 횟수로 물이 새는 곳을 찾을 수 있습니다. 탐색해야 하는 범위를 똑같이 반씩 나누어가는 방법을 사용하면, 한 번씩 밸브를 잠글 때마다 그다음에 탐색해야 할 위치를 반으로 줄여나갈 수 있습니다. 이러한 방법으로 물이 새는 곳의 위치를 찾아낼 수 있습니다.

# 한 걸음 더!

더 좋은 알고리즘을 찾아서 문제 해결에 적용하는 것은 복잡한 문제를 효율적으로 해결하기 위해 필수적인 컴퓨팅 사고 전략입니다. 지금까지의 학습 경험을 바탕으로 비버챌린지의 '도둑을 찾아라(2016, 벨기에)' 문제 해결에 도전해봅시다.

### 문제의 배경

오, 이런! 오늘 박물관에 있던 유명한 블루 다이아몬드가 도난당했다. 도둑은 비싼 블루 다이아몬드를 가격이 싼 가짜 그린 다이아로 바꾸어 놓았다.

오늘 다이아몬드 전시장을 방문한 사람은 2000명이었고, 다이아몬드가 전시되어 있는 방에는 한 번에 한 명만 들어갔다. 탐정 민홍이는 2000명의 방문자들 중 몇 명을 조사해서 범인을 찾아내야 한다. 탐정 민홍이는 다이아몬드가 전시되어 있는 방에 들어간 순서대로 적혀 있는 2000명의 명단을 가지고 있고, 모든 사람들에게 똑같은 질문을 할 것이다.

"다이아몬드를 관람했을 때, 다이아몬드는 녹색이었습니까, 푸른색이었습니까?"

도둑을 제외한 모든 사람들은 거짓말을 하지 않을 것이고, 오로지 도둑만이 자기가 들어갔을 때 이미 다이아몬드는 녹색이었다고 거짓말을 할 것이다.

### 문제/도전

매우 영리한 탐정 민홍은 최소한의 사람들에게 물어보는 전략을 가지고 있을 것이다. 이 전략을 사용할 때 다음 중 탐정 민홍이 말할 수 있는 것은?

A) "저는 20명보다 적은 사람들을 조사해 범인을 반드시 찾아낼 수 있습니다."

B) "20명만 조사하는 것으로는 충분하지 않습니다(운이 따라주는 경우를 빼고는). 하지만, 200명보다 적은 사람들을 조사하면 반드시 찾아낼 수 있습니다."

C) "참 어려운 문제군요. 최소 200명에서 1999명까지 모두 조사해야 할 수도 있습니다."

D) "뭐라고 말씀드릴 수 없습니다. 최악의 경우, 모든 사람들을 조사해야 할 수도 있습니다."

# 스스로 평가하기

| 평가문항 | 매우 우수 | 우수 | 보통 |
|---|---|---|---|
| 비버챌린지 문제 해결을 위해 알고리즘을 설계·적용할 수 있나요? | | | |
| 비버챌린지 문제 해결을 위해 알고리즘의 성능을 분석하고 비교할 수 있나요? | | | |

# 12장

## 함께 일하기

# 12장

## 함께 일하기

# 생각열기

여러분은 방학에 무엇을 하고 싶나요? 대부분 학생은 방학만큼은 여유를 즐기고 취미활동을 하고 싶어 합니다. 그리고 여러 가지 일들을 시간 또는 날짜 순서로 배치하여 방학 계획을 세웁니다.

• 방학 계획을 세우는 방법은 왼쪽 그림처럼 그림으로 표현하는 방법 이외에도 1차원 표, 2차원 표로 나타내는 방법이 있다. 이를 통해 날짜 또는 시간, 그리고 해야 할 일을 구조화하여 재표현하는 것이다.

그러나 방학 동안 해야 할 일과 하고 싶은 일들이 생각보다 많습니다. 방학 숙제, 복습과 예습이 필요한 공부도 해야 하고, 다양한 여가와 취미활동도 즐겨야 하니까요. 그런데 방학 기간이 한정되어 있다는 것이 문제입니다. 따라서 모든 것을 다 할 수는 없습니다. 어떻게 하면 효율적인 방학 계획을 세울 수 있을까요?

이번 챕터에서는 비버챌린지의 '함께 일하기' 문제를 통해 컴퓨팅 시스템의 자원을 효율적으로 관리하는 방법에 대해 학습해 보겠습니다.

컴퓨팅 시스템: 컴퓨터 소프트웨어와 하드웨어를 모두 지칭하는 것이다.

# 학습내용 이해하기

• 스케줄링은 시간을 효율적으로 사용하기 위해 계획을 작성하는 것을 뜻한다.

　정해진 시간이나 기간 동안 여러 가지 일들을 보다 효율적으로 수행하기 위해 계획을 세우는 것을 '스케줄을 작성한다'라고 합니다. 이를 줄여서 스케줄링이라고 부릅니다. 스케줄링을 하게 되면 어떤 일을 할지/말지 또는 어떤 일을 먼저 해야 하는지/나중에 해야 하는지를 정할 수 있습니다. 이를 통해 스케줄링을 하지 않은 경우에 비해 효율적으로 시간을 관리할 수 있습니다. 결국 스케줄링의 목적은 소중한 시간의 효율적인 관리인 셈이죠.

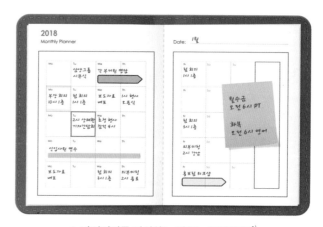

⩘ 다이어리를 작성하는 이유는 무엇일까?[1]

　컴퓨터는 사람이 시킨 문제(일)를 빠르고 정확하게 해결(처리)하는 기계입니다. 따라서 컴퓨터 내부에서 CPU가 처리해야 하는 일이 많은 경우에는 앞서 언급했던 스케줄링이 필요합니다. 우리가 컴퓨터에 일을 시킬 때 한 번에 하나의 일만 시키지 않으며, 앞서 요청한 일이 끝나지 않아도 다른 일을 시키기 때문입니다. 그렇다면 스케줄링은 누가 할까요? 바로 운영체제(OS, Operating System)가 담당합니다.

• 스마트폰용 운영체제로는 구글의 안드로이드, 애플의 iOS, RIM의 블랙베리 OS, 마이크로소프트의 윈도우, 리눅스, 삼성의 타이젠 등이 있다.

⩘ 운영체제: 윈도우(Windows), 맥 OS, 리눅스

---

① 사진 출처: 삼양그룹 블로그(https://www.saysamyang.com/246)

운영체제가 스케줄링을 하는 방법(알고리즘)은 다양합니다. 먼저 요청받은 것을 먼저 처리하는 방식(선입선출 스케줄링 알고리즘)도 있고, 중요한 것을 먼저 처리하는 방식(우선순위 스케줄링 알고리즘)도 있습니다. 또는 작업 시간이 짧은 일부터 처리하거나(최소 시간 작업 우선 스케줄링 알고리즘) 작업 시간이 긴 일부터 처리하는 방법(최장시간 작업 우선 스케줄링 알고리즘)도 있고, 일정한 시간만큼 돌아가면서 처리하는 방식(라운드로빈 스케줄링 알고리즘)도 있습니다. 이러한 방법들의 효율은 작업의 종류와 성격에 따라 그때그때 달라질 수 있지만, 그 목표는 하나입니다. 즉, CPU의 시간을 보다 효율적으로 관리하는 것입니다. CPU의 시간은 컴퓨터 내부의 그 어떤 것보다 소중한 자원이니까요.

스케줄링 알고리즘의 종류:
① FCFS(First Come First Served): 선입선출 알고리즘
② Priority: 우선순위 알고리즘
③ SJF(Shortest Job First): 최소 시간 작업 우선 알고리즘
④ RR(Round Robin): 시간 할당 알고리즘

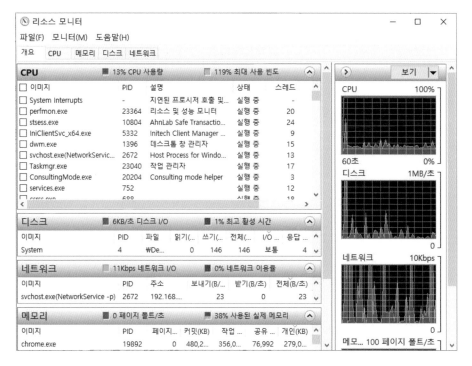

≪ 운영체제의 자원 관리 상황

컴퓨터 내부의 자원
① 중앙처리장치: CPU
② 주기억장치: RAM
③ 보조기억장치: HDD, SSD
④ 네트워크 장치

# 도전! 비버챌린지

※ 비버챌린지의 '함께 일하기(2018, 리투아니아)' 문제를 해결해봅시다.

**문제의 배경**

두 마리의 비버가 함께 댐을 만들고 있는데, 8가지의 일을 해야 한다(나무 쓰러트리기, 가지 잘라내기, 물에 띄우기, 통나무 모으기 등...). A(2), B(3), C(5), D(7), E(10), F(9), G(4), H(6). 괄호 안에 적혀있는 수는 그 작업을 완료하기까지 필요한 시간을 나타낸다. 작업에 따라서 그 전에 완료되어야 하는 작업들 사이의 관계와 순서는 아래 그림처럼 화살표로 표현할 수 있다. 2마리의 비버는 동시에 서로 다른 작업을 수행할 수 있기 때문에, 동시에 2개의 작업이 같이 실행될 수 있다.

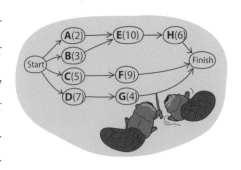

2마리의 비버는 다음과 같은 계획을 세워 움직인다. 가장 시간이 오래 걸리는 작업을 먼저 선택해 실행하기 때문에, 2마리의 비버가 다음과 같은 순서로 작업을 실행한다.

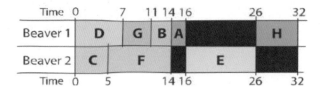

위의 그림을 살펴보면, 댐을 만들 때까지 32시간이 걸린다. 하지만, 다른 순서로 작업을 하면 더 짧은 시간에 댐을 만들 수 있다.

**문제/도전**

두 마리 비버가 함께 가장 빨리 댐을 만들어낼 수 있는 최소 시간은 몇 시간일까?

(       ) 시간

# 컴퓨팅 사고력 키우기

'함께 일하기' 문제를 어떻게 해결 수 있을까요?

이 문제의 현재 상태와 목표 상태를 분석해봅시다. 현재 상태는 두 마리의 비버가 해야 작업의 종류와 각각의 작업을 완료하기까지 필요한 시간, 그리고 작업 사이의 관계와 순서가 제시된 상태입니다. 또한, 목표 상태는 두 마리 비버가 함께 가장 빨리 댐을 만들어낼 수 있는 최소 시간을 알아낸 상태입니다.

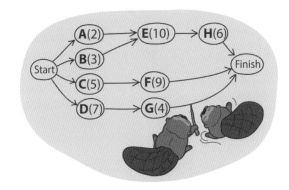

⌅ 작업 관계도

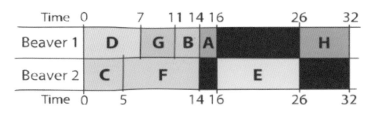

⌅ 현재 상태: 스케줄표

문제에서 제시된 것처럼 위의 <현재 상태: 스케줄표>는 가장 시간이 오래 걸리는 작업을 먼저 선택해 실행한 것입니다. 물론 <작업 관계도>에 제시된 작업 간의 관계와 순서는 고려해야 합니다. 그러나 불행하게도 이렇게 작업한 결과가 결코 최소 시간이 아님을 쉽게 알 수 있습니다. 첫 번째 비버(Beaver 1)의 작업 시간 중 10시간(16~26), 두 번째 비버(Beaver 2)의 작업 시간 중 8시간(14~16, 26~32)이 비어있기 때문입니다. 이 시간에 쉬지 않고 계속 작업을 한다면 댐을 만드는 시간을 줄일 수 있겠죠?

• 알고리즘은 논리적이어야 합니다. 가장 긴 작업을 먼저 선택하는 것은 그럴듯한 접근이지만, 그것이 가장 효율적인지에 대한 논리적인 설명을 포함하지는 않습니다.

먼저, 중간에 비어있는 시간을 없애려면 어떻게 해야 할까요? 이를 위해서는 <작업 관계도>에 제시된 작업 관계뿐 아니라 전체 순서도 고려해야 합니다. 예를 들어, 첫 번째 비버는 A보다 G를 먼저 수행하였기 때문에 두 번째 비버의 14~16번째 시간이 비어있게 된 것입니다. 만일, 첫 번째 비버의 A와 G의 위치를 바꾼다면 두 번째 비버의 14~16번째 시간을 E로 채울 수 있기 때문입니다.

따라서 다음과 같이 A~H 순서대로 작업을 수행하는 방법을 생각해봅시다. 이를 적용하면 다음과 같은 <스케줄표 1>이 만들어질 수 있습니다.

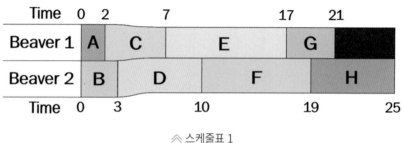

≪ 스케줄표 1

그리디(greedy) 알고리즘: 현재 상태에서 고려할 수 있는 최선의 방법을 선택하여 문제 해결에 적용하는 전략입니다. 중간에 비어있는 시간을 없애거나 마지막에 비어있는 시간을 없애는 등의 전략은 문제 해결의 효율을 높일 수 있습니다.

이 방법을 이용하면 작업 순서에 따라 작업을 수행하기 때문에 중간에 빈 시간이 없게 됩니다. 따라서 시간을 줄일 수 있게 되어 25시간 만에 모든 작업을 수행할 수 있습니다. 무려 7시간이나 빨라지게 된 셈이죠. 그러나 이것이 최소 시간일까요? 또 다른 방법은 없을까요?

이번에는 <현재 상태: 스케줄표>에서 마지막에 비어있는 시간을 없애는 방법에 대해 고민해봅시다. 이것은 두 마리의 비버가 작업을 마치는 시간을 동일하게 한다는 뜻입니다. 또한, 중간에 비어있는 시간이 없다는 것까지 고려하면 두 비버의 작업 시간 전체가 동일해진다는 것을 뜻하게 됩니다. 따라서 두 마리 비버가 함께 가장 빨리 댐을 만들어낼 수 있는 최소 시간은 23입니다. A~H까지 모든 작업의 처리 시간을 합(2+3+5+7+10+9+4+6=46)한 후 2로 나누면 23이기 때문입니다.

그러나 각 비버의 작업 종료 시각을 23이 되게 하는 스케줄을 만들 수 있을까요? 그 방법만 찾는다면 23이 최소 시간임이 확실합니다. 따라서 8개의 작업을 두 모둠으로 나누었을 때 각각의 합이 23인 조합을 찾아봅시다. 먼저 아래의 경우가 있을 수 있습니다.

> - 첫 번째 비버: A(2), D(7), E(10), G(4)
> - 두 번째 비버: B(3), C(5), F(9), H(6)

⌃ Case 1

　그러나 <Case 1>은 <작업 관계도>에서 제시한 작업 사이의 관계와 순서에 어긋납니다. 첫 번째 비버가 E를 마치기 전에 두 번째 비버가 H를 수행하였기 때문입니다. 아래와 같이 <Case 1: 스케줄표>를 그려보면 보다 명확해집니다.

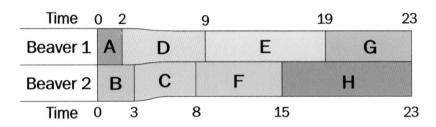

⌃ Case 1: 스케줄표

　한편, 전체 작업이 8개이고 비버가 2마리뿐이므로 23이 되는 조합을 찾는 것은 생각보다 오래 걸리지 않습니다. <Case 2>를 <Case 2: 스케줄표>로 나타내보면 <작업 관계도>에 제시된 작업 사이의 관계와 순서를 위반하지 않음을 알 수 있습니다. 따라서 <Case 2>는 최소 시간 23을 만드는 정확한 스케줄이라고 할 수 있습니다. 이로써 이 문제에서 요구하는 정답, 즉 최소 시간은 23으로 확정되었습니다.

> - 첫 번째 비버: A(2), C(5), E(10), H(6)
> - 두 번째 비버: B(3), D(7), F(9), G(4)

⌃ Case 2

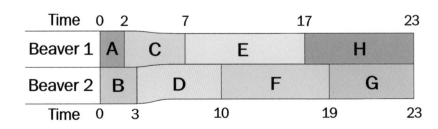

⌃ Case 2: 스케줄표

이 문제를 해결하기 위해서는 비버들이 일하지 않는 시간을 최소한으로 줄이면, 필요한 전체 시간이 줄어든다는 것을 생각해내는 것이 중요합니다. '남은 작업 시간이 가장 많은 작업을 선택하는' 전략이나, '작업 시간이 가장 많은 작업을 나누어 배분하는' 전략은 반드시 더 짧은 전체 작업 시간을 만들어 줄 것으로 보입니다. 하지만 이러한 전략이 항상 더 짧은 작업 시간을 보장하지는 않습니다. 왜냐하면, 문제에 따라 여러 가지 제약조건을 함께 고려해야 하는 경우에는 최소 작업 시간을 알아내기 위해 가능한 한 모든 경우를 모두 따져보아야 하기 때문입니다. 하지만 현실적으로 실제 상황에 적용하고 사용하기는 어렵습니다. 어떤 비버가 어떤 작업을 수행해서 댐을 만들 수 있는지 모두 계산해서 최소 시간을 알아내려면 매우 많은 계산이 필요하기 때문입니다.

이 문제에서는 '남은 작업 시간이 가장 많은 작업을 선택하는' 전략이 효과적이지 않은 경우로 제시되었습니다. 따라서 이러한 문제를 해결하는 것은 경우에 따라 꽤 어려운 일입니다. 단순하게 한 가지 전략을 무작정 따라가면 안 되고, 전체적인 관점에서 생각해야 하기 때문입니다.

# 한 걸음 더!

다양한 작업을 보다 빠르고 정확하게 처리하기 위해 효율적인 스케줄을 작성하는 것은 필수적인 컴퓨팅 사고 전략입니다. 지금까지의 학습 경험을 바탕으로 비버챌린지의 '비버리아 피자가게(2017, 스위스)' 문제 해결에 도전해봅시다.

### 문제의 배경

비버리아 피자가게에는 작은 화덕이 있고, 요리사는 화덕을 이용해 한 번에 몇 가지 음식을 만들 수 있다. 아래의 표는 화덕을 통해 만들 수 있는 음식의 종류와 조리 시간을 나타낸다.

| 한 번에 만들 수 있는 음식 조합 | | |
| --- | --- | --- |
| 빵 3개 | 빵 1개와<br>큰 피자 1개 | 작은 피자 1개와<br>빵 2개 |

| 조리 시간 | |
| --- | --- |
| 작은 피자 | 10분 |
| 큰 피자 | 15분 |
| 빵 | 20분 |

비버리아 피자가게에는 손님, 주문이 많다. 손님이 주문한 음식을 가능한 빨리 먹으려면 요리사가 화덕을 이용해 음식을 조리하는 시간을 영리하게 계획해야 한다. 빵과 피자는 순서에 관계없이 오븐에 넣을 수 있지만 각 음식은 완성될 때까지 화덕에 있어야 한다.

### 문제/도전

어떤 손님이 작은 피자 1개, 큰 피자 2개, 빵 4개를 주문하였다. 이 손님이 주문한 모든 음식이 완성될 때까지 걸리는 최소 시간은 얼마일까?

A) 50                    B) 55                    C) 60                    D) 65

# 스스로 평가하기

| 평가문항 | 매우 우수 | 우수 | 보통 |
|---|---|---|---|
| 비버챌린지 문제를 분석하고 이해할 수 있나요? | | | |
| 운영체제의 자원 관리에 대해 설명할 수 있나요? | | | |
| 문제 해결을 위해 스케줄링 알고리즘을 설계하고 적용할 수 있나요? | | | |

# 13장

## 스위치 켜기

# 13장

## 스위치 켜기

# 생각열기

여러분은 보물찾기를 해본 적이 있나요? 운동회나 소풍 날에 선생님께서 숨겨 놓은 보물을 찾으려 나뭇가지 사이, 큰 돌 뒤, 낙엽 더미 속 등을 뒤져보는 장면을 떠올려보세요.

☆ 땅을 계속 파면 보물을 찾을 수 있을까?

어떤 친구는 보물찾기를 참 잘하는 반면, 힌트를 알려줘도 어려워하는 친구가 있습니다. 모두 알고 있듯이, 수학 공부를 잘한다고 국어나 영어 공부를 잘한다고 이런 문제를 쉽게 해결하는 것도 아닙니다. 왜 그럴까요? 그리고 이런 문제를 잘 해결하기 위해서는 어떻게 해야 할까요?

이번 챕터에서는 비버챌린지의 '스위치 켜기' 문제를 통해 탐색 문제를 효율적으로 해결하기 위한 '비선형 전체 탐색'과 '분기 한정 알고리즘' 설계 및 적용방법에 대해 학습해 보겠습니다.

탐색(searching) 또는 검색 문제는 일정한 공간 내에 있는 원소나 대상(사람 또는 사물) 중 조건에 맞는 것을 찾는 문제입니다. 이러한 문제는 공간의 크기나 복잡성 등에 따라 쉬울 수도, 어려울 수도 있습니다. 이때, '어렵다'는 것은 시간이 오래 걸린다는 것을 뜻합니다.

**선형과 비선형:** 선(line)의 형태와 선이 아닌 형태(트리, 그래프)를 뜻한다.

≪ 사전에서 원하는 단어를 찾는 방법은?

탐색 문제를 잘 해결하기 위해서는 찾고자 하는 대상이 있는 공간, 즉 탐색 공간을 구조화하여 정리하는 것이 중요합니다. 탐색 공간은 사전처럼 선형(linear)적일 수도 있지만, 미로와 같이 비선형(non-linear)적일 수도 있습니다.

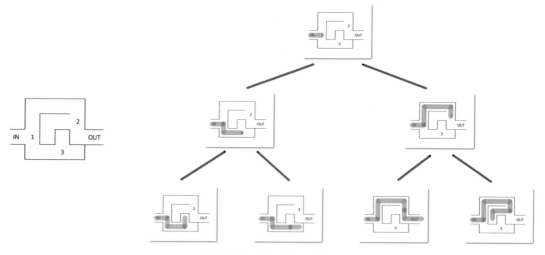

≪ 미로 탐색을 위한 탐색 공간의 구조화

그런 다음에는 탐색 공간에 있는 모든 원소를 일정한 순서에 따라 일일이 확인해보는 전체 탐색 방법이 가장 기본적입니다. 전체 탐색을 할 때는 누락되는 공간 또는 원소가 없어야 하고, 중복 검사를 하지 않도록 주의해야 합니다. 특히, 탐색 공간이 클수록 시간이 오래 걸리므로 탐색 공간을 줄일 수 있는 분기한정 알고리즘을 떠올리는 것이 중요합니다.

# 도전! 비버챌린지

※ 비버챌린지의 '스위치 켜기(2018, 스위스)' 문제를 해결해봅시다.

**문제의 배경**

전구와 스위치들이 연결된 네트워크가 있다. 어떤 스위치를 누르면, 그 스위치에 연결되어있 는 전구 3개의 상태가 바뀐다. 꺼져 있던 전구는 켜지고, 켜져 있던 전구는 꺼지게 된다.

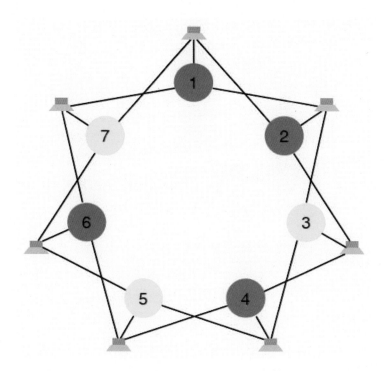

**문제/도전**

스위치들을 눌러 모든 전구들의 불을 켜보자(스위치들을 누를 때마다 전구들의 상태 가 바뀌게 되고, 모든 전구들이 켜지지 않은 경우에는 경고 메시지가 출력된다).

# 컴퓨팅 사고력 키우기

'스위치 켜기' 문제를 어떻게 해결할 수 있을까요?

이 문제의 현재 상태와 목표 상태를 분석해봅시다. 먼저 현재 상태는 7개의 전구 중 3번, 5번, 7번 전구가 켜진 상태이며, 목표 상태는 7개의 전구가 모두 켜진 상태입니다.

상태분석표 1

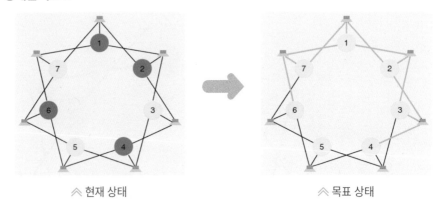

<table>
<tr><td>≪ 현재 상태</td><td>≪ 목표 상태</td></tr>
</table>

|  | 1번 | 2번 | 3번 | 4번 | 5번 | 6번 | 7번 |
|---|---|---|---|---|---|---|---|
| 전구 | 0 | 0 | 1 | 0 | 1 | 0 | 1 |
| 스위치 | 0 | 0 | 0 | 0 | 0 | 0 | 0 |

|  | 1번 | 2번 | 3번 | 4번 | 5번 | 6번 | 7번 |
|---|---|---|---|---|---|---|---|
| 전구 | 1 | 1 | 1 | 1 | 1 | 1 | 1 |
| 스위치 | ? | ? | ? | ? | ? | ? | ? |

이 문제를 해결하는데 필요한 핵심요소는 전구의 개수와 상태, 스위치의 개수와 상태, 그리고 전구와 스위치의 연결 관계입니다. 전구는 7개이고, 3, 5, 7번이 켜진 (1) 상태입니다. 스위치도 7개이고, 모두 눌리지 않은(0) 상태입니다. 이러한 분석 결과를 바탕으로 <상태분석표 1>과 같이 문제를 구조화하여 표현할 수 있습니다. 현재 상태는 3개의 전구(3, 5, 7번)가 켜진 상태이고, 목표 상태는 7개의 전구가 모두 켜진 상태입니다. 그러나 이것은 전구의 관점에서 분석한 것이죠.

1개의 스위치에 3개의 전구가 연결되어 있으므로, 이러한 관계를 고려하여 스위치의 관점에서도 현재 상태와 목표 상태 분석이 가능합니다. 즉, 현재 상태는 7개의 스위치 중 어느 것도 눌러지지 않은 상태(0)이고, 목표 상태는 7개의 전구를 모두 켤 수 있도록 만드는 7개 스위치의 조합으로 볼 수 있습니다. 따라서 그 조합은 목표 상태이자 이 문제의 정답이라고 할 수 있겠죠.

하나의 스위치를 누를 때마다 연결된 전구가 켜지거나 꺼지게 되므로 꽤 재미있는 문제처럼 보이지만, 7개의 전구가 모두 켜지게 만드는 일은 생각보다 어렵습니다. 우선, 스위치는 누르거나(1), 누르지 않거나(0) 등 2가지 상태이므로, 7개 스위치로 만들 수 있는 모든 조합은 128개($2^7$=2×2×2×2×2×2×2)나 됩니다. 따라서 모든 조합을 따져보기는 쉽지 않습니다. 또한, 어떠한 스위치 조합에 대하여 전구의 상태 변화를 직관적으로 예측하기도 쉽지 않습니다. 하나의 스위치에 3개의 전구가 연결되어 있기 때문입니다.

그렇다면, 이 문제를 어떻게 풀어야 할까요?

이 문제의 해결에 있어서 핵심요소는 전구의 상태와 스위치의 조합입니다. 이때, 주목해야 할 2가지 조건이 있습니다. 첫째, 어떤 스위치를 두 번(또는 짝수 번) 사용하는 것은 의미가 없다는 것입니다. 왜냐하면, 같은 스위치를 다시 사용하면 그 스위치를 사용하지 않은 상태와 같은 상태가 되기 때문입니다. 둘째, 어떤 스위치 X를 누르고 그다음에 Y를 누르는 것은, Y를 누른 후 X를 누른 것과 다르지 않다는 점입니다. 즉, 스위치 조합을 따질 때 순서는 상관이 없다는 것이죠.

그러나 이것만으로는 부족합니다. 또 다른 실마리를 찾아봅시다. 아마도 우리는 현재 상태에서 목표 상태로 가는 스위치 조합만을 생각해보았을 것입니다. 그런데 이번에는 그 반대로 가는 것도 생각해봅시다. 우리가 원하는 목표 상태는 7개의 전구가 모두 켜진 상태입니다. 따라서 그 전 상태는 7개의 전구 중 연속된 3개의 전구가 꺼진 상태일 것입니다.

상태분석표 2

≪ 현재 상태          ≪ 목표 직전 상태          ≪ 목표 상태

따라서 7개의 전구를 모두 켜기 위한 스위치 조합을 찾지 않고, 연속된 4개의 전구가 켜지도록(3개가 꺼지도록) 만드는 스위치 조합을 찾으면 될 것입니다. 7개의 전구를 모두 켜지게 만드는 것보다, 연속된 4개의 전구를 켜지게 만드는 일이 훨씬 쉬운 일이라는 점을 생각할 때, 이러한 생각은 매우 유용합니다.

이와 같은 관점에서 순방향(현재 상태 → 목표 상태)과 역방향(목표 상태 → 현재 상태)의 탐색을 반복함으로써 현재 상태와 목표 상태를 일치시켜나가는 탐색 방법을 양방향 탐색(bidirectional search)이라고 합니다. 양방향 탐색을 이용하여 '스위치 켜기' 문제의 정답을 탐색해보면 다음의 스위치 조합을 찾을 수 있습니다.

| 스위치 번호 | 1번 | 2번 | 3번 | 4번 | 5번 | 6번 | 7번 |
|---|---|---|---|---|---|---|---|
| 스위치 상태 | 1 | 1 | 1 | 1 | 1 | 1 | 1 |

# 한 걸음 더!

전체 탐색 방법으로 '스위치 켜기' 문제를 해결할 수 없을까요?

이를 위해서는 현재 상태의 스위치 조합인 (0, 0, 0, 0, 0, 0, 0)부터 시작하여 일정한 순서에 따라 모든 스위치 조합을 탐색해야 합니다. 그 과정에서 스위치 조합에 따라 전구의 상태를 변화시키고, 7개의 전구가 모두 켜졌는지를 검사해야 합니다. 또한, 탐색 효율을 높이기 위해 중복 탐색을 배제하기 위한 아이디어도 필요합니다.

다음은 이를 구현한 C언어 프로그램입니다. 프로그램을 작성하고 실행해봅시다.

| 줄번호 | 소스코드 |
|---|---|
| 01 | #include <stdio.h> |
| 02 | int memo[2][2][2][2][2][2][2]= {}; |
| 03 | int change(int btn[], int lamp[]) |
| 04 | { |
| 05 |   int i, cnt=0; |
| 06 |   for(i=0; i<7; i++) |
| 07 |    if(btn[i] == 1) |
| 08 |    { |
| 09 |     lamp[i] = !lamp[i]; |
| 10 |     lamp[(i+1) % 7] = !lamp[(i+1) % 7]; |
| 11 |     lamp[(i+6) % 7] = !lamp[(i+6) % 7]; |
| 12 |    } |
| 13 |   for(i=0; i<7; i++) cnt = cnt + lamp[i]; |
| 14 |   return cnt; |
| 15 | } |
| 16 | void search(int a, int b, int c, int d, int e, int f, int g) |
| 17 | { |
| 18 |   int i, btn[7] = {a, b, c, d, e, f, g}; |
| 19 |   int lamp[7] = {0, 0, 1, 0, 1, 0, 1}; |
| 20 |   for(i=0; i<7; i++) if(btn[i] >= 2) return; |
| 21 |   if(memo[a][b][c][d][e][f][g] == 1) return; |
| 22 |   memo[a][b][c][d][e][f][g] = 1; |
| 23 |   if(change(btn, lamp) == 7) |
| 24 |   { |
| 25 |    for(i=0; i<7; i++) printf(" %d ", btn[i]); |
| 26 |    printf("\n"); |

```
27        }
28        search(a+1, b, c, d, e, f, g);
29        search(a, b+1, c, d, e, f, g);
30        search(a, b, c+1, d, e, f, g);
31        search(a, b, c, d+1, e, f, g);
32        search(a, b, c, d, e+1, f, g);
33        search(a, b, c, d, e, f+1, g);
34        search(a, b, c, d, e, f, g+1);
35     }
36     int main()
37     {
38        printf("1번 2번 3번 4번 5번 6번 7번\n");
39        search(0, 0, 0, 0, 0, 0, 0);
40        return 0;
41     }
```

| 줄번호 | 코드 설명 |
| --- | --- |
| 02 | 중복 탐색을 막기 위해 스위치 조합의 탐색 여부를 메모하기 위한 배열 변수 memo[][][][][][][]를 선언하고 초기화합니다. 스위치가 7개이므로 7차원 배열로 선언합니다. |
| 03~15 | 스위치 조합에 따라 전구 7개의 상태를 바꾸는 함수 change()를 정의합니다. 1~7번 스위치의 눌러짐 여부(0 : 안 눌러짐, 1 : 눌러짐)를 검사하고, 이와 연결된 전구의 상태를 현재의 반대로 바꾸는 것이 핵심(6~12번 줄)입니다. 하나의 스위치에 3개의 전구가 연결되어 있으므로, 이를 반영하기 위한 아이디어(9~11번 줄)가 중요합니다. 그런 다음 7개 전구 중 켜진 전구의 수를 세고, 반환(13~14번 줄)합니다. |
| 16~35 | 모든 스위치 조합을 살펴보고, 모든 전구가 켜지는 조합을 출력하는 함수 search()를 정의합니다. 현재 스위치 조합을 저장하기 위한 배열 btn[]을 선언하고 초기화(18번 줄)합니다. 또한, 현재 전구 상태를 저장하기 위한 배열 lamp[]를 선언하고 초기화(19번 줄)합니다. 스위치는 꺼짐(0) 또는 켜짐(1) 상태뿐이므로 그 이외의 경우는 탐색 범위에서 배제(20번 줄)해야 합니다. 또한, 현재 스위치 조합을 이전에 탐색한 적이 있는지를 검사(21번 줄)하고, 새로 탐색하는 경우에 대해서는 다음 번에는 다시 검사하지 않도록 memo[][][][][][][] 배열 값을 1로 변경(이전에는 0이므로)합니다. 한편, change(btn, lamp) 함수익 계산 결과가 7이면 모든 전구가 켜졌다는 것을 뜻하므로, 그때의 스위치 조합을 출력(20~24번 줄)합니다. 이러한 방식으로 모든 스위치 조합을 탐색(25~31번 줄)합니다. |
| 36~41 | 기본 서식을 출력하고 search() 함수를 호출하기 위한 main() 함수입니다. 프로그램의 주요 부분을 change() 함수와 search() 함수로 모듈화하였기 때문에 main() 함수는 간단하게 정의될 수 있습니다. |

위 프로그램을 실행하면 7개의 전구를 모두 켤 수 있는 스위치 조합이 출력되는 것을 알 수 있습니다. 다음과 같은 탐색 공간에서 비선형 전체 탐색을 이용하여 정답 (1, 1, 1, 0, 0, 0, 1)을 찾아낸 것입니다. 이때 보라색 선으로 표시한 것처럼, 한쪽으로 탐색을 진행하다가 더 이상 진행할 수 없으면 이전 노드(검은색 타원)로 되돌아간(백 트랙, backtrack) 후, 다시 탐색을 재개하는 방법을 백트래킹(backtracking)이라고 합니다. 백트래킹은 깊이 우선 탐색(DFS, Depth First Search)의 탐색 경로와 유사함을 알 수 있습니다.

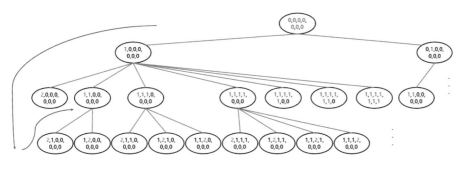

☆ 탐색 공간: 트리 구조

앞의 프로그램에서 2번, 21번, 22번 줄을 지우고 실행해봅시다. 그러면 정답
이 여러 번 출력되는 것을 확인할 수 있을 것입니다. 왜 그럴까요? 바로 중복 탐
색 때문입니다. <탐색 공간: 트리 구조>에 있는 노드를 일정한 순서(보라색 선)
에 따라 탐색하다 보면 같은 노드를 또 방문하게 되기 때문입니다. 따라서 각 노
드의 방문 여부를 표기하고 검사하는 코드가 필요한 것이죠.

이와 같이 전체 탐색 방법의 비효율성을 개선하기 위해 불필요한 노드를 탐
색 경로에서 배제하는 방법을 분기 한정 알고리즘이라고 합니다. 간단한 코드
몇 줄만으로 엄청난 효율의 향상을 가져올 수 있는 방법이며, 어떤 노드의 중
복 탐색을 막기 위해 이전 방문 여부를 검사하는 것이 핵심입니다.

마지막으로 지금까지의 학습경험을 바탕으로 '스위치 켜기' 문제의 조건(전구
의 개수와 상태, 스위치의 개수와 상태, 전구와 스위치의 연결 관계 등)을 변경
하여 새로운 문제를 만들어보고, 이를 해결하는 프로그램을 작성해봅시다.

분기 한정(branch and bound) 알고리즘: 다양한 최적화 문제를 풀기 위한 범용 알고리즘이다. 주로 이산 최적화나 조합 최적화 문제를 풀 때 쓴다. 분기 한정법은 모든 후보해를 체계적으로 늘어놓으면서 최적화할 수치의 상한과 하한을 추정, 가망 없다는 판정이 나는 해를 제거해 나간다. 제거하는 해에서 파생되는 해는 살펴보지 않기 때문에 불필요한 시간 소모를 줄이게 된다.

• 꼭 도전해 보세요. '한 걸음 더!' 나아갈 수 있습니다.

# 스스로 평가하기

| 평가문항 | 매우 우수 | 우수 | 보통 |
|---|---|---|---|
| 비버챌린지 문제 해결을 위해 전체 탐색 알고리즘을 설계·적용할 수 있나요? | | | |
| 비버챌린지 문제 해결을 위해 분기한정 알고리즘을 설계·적용할 수 있나요? | | | |

# 파이썬 코드

※ 다음은 앞서 173~174페이지에 제시한 C언어 프로그램을 파이썬으로 작성한 것입니다. 파이썬에 익숙하다면 아래 코드를 참고하세요.

| 줄번호 | 소스코드 |
|---|---|
| 01 | import sys |
| 02 | sys.setrecursionlimit(10000) |
| 03 | memo=[[[[[[[0]*2 for a in range(2)]for b in range(2)]for c in range(2)]for d in range(2)]for e in range(2)]for f in range(2)] |
| 04 | |
| 05 | def change(btn,lamp): |
| 06 |   cnt = 0 |
| 07 |   for i in range(7): |
| 08 |     if btn[i] == 1 : |
| 09 |       lamp[i] = not lamp[i] |
| 10 |       lamp[(i+1)%7] = not lamp[(i+1)%7] |
| 11 |       lamp[(i+6)%7] = not lamp[(i+6)%7] |
| 12 | |
| 13 |   for i in range(7): |
| 14 |     cnt = cnt + lamp[i] |
| 15 |   return cnt |
| 16 | |
| 17 | def search(a, b, c, d, e, f, g): |
| 18 |   btn = a, b, c, d, e, f, g |
| 19 |   lamp = [0, 0, 1, 0, 1, 0, 1] |
| 20 |   for i in range(7): |
| 21 |     if btn[i] > 1 : |
| 22 |       return |
| 23 |   if(memo[a][b][c][d][e][f][g] == 1): |
| 24 |     return |
| 25 | |
| 26 |   memo[a][b][c][d][e][f][g] = 1 |
| 27 |   if change(btn,lamp) == 7 : |
| 28 |     for i in range(7): |
| 29 |       print(btn[i],end=' ') |
| 30 |     print('') |
| 31 | |
| 32 |   search(a+1,b,c,d,e,f,g) |
| 33 |   search(a,b+1,c,d,e,f,g) |
| 34 |   search(a,b,c+1,d,e,f,g) |
| 35 |   search(a,b,c,d+1,e,f,g) |
| 36 |   search(a,b,c,d,e+1,f,g) |

```
37    search(a,b,c,d,e,f+1,g)
38      search(a,b,c,d,e,f,g+1)
39
40    print("1번 2번 3번 4번 5번 6번 7번")
41    search(0,0,0,0,0,0,0)
```

# 부록

## [한 걸음 더!] 해설

부록

[한걸음 더!] 해설

**정답**

1021010220330321

**설명**

주어진 문자표: BEBRAS

숫자표: 12112233321

**문자표**

| A | B | C | D | E | F | G | … | 성립 여부 |
|---|---|---|---|---|---|---|---|---|
|   | 12 |   |   | 1 |   |   | … | × |
| 33 | 1 |   |   | 21 |   |   |   |   |

처음부터 B가 두 자 12로 부호화되었다고 할 경우, 문자 E는 숫자 1로 부호화 될 수는 없다(왜냐하면 B의 코드가 E의 코드로 시작되기 때문에). 또한 B가 두 자보다 긴 코드를 가질 수는 없다(121, 1211, 12112 등). B는 뒤에 반복하여 나와야 하는데 앞의 코드는 반복되지 않는다. 따라서 B에 대한 코드는 1이다. 문자 E 뒤에는 B가 붙어 있으므로 2, 21 또는 211223332로만 부호화될 수 있다. 단어가 BEBB로 시작되지 않기 때문에 E는 2가 될 수 없다. 단어가 BEB이기 때문에 211223332도 될 수 없다. 따라서 E의 코드는 21이다. 이 시점에서 우리는 102101이 BEB의 코드임을 알고 나머지 2233321에 0을 넣어야 한다. 단어 끝에 S 문자가 있는데, 뒤에서부터 보았을 때 1, 21은 B와 E로 사용되었으므로, S의 가능한 코드는 321, 3321, 33321, 233321 및 2233321이다. 전체 단어가 BEBS는 아니므로 S는 2233321로 부호화될 수는 없다. R 및 A 문자를 부호화하기 위해서는 각각 적어도 하나의 숫자가 필요하므로 233321, 33321도 될 수 없다. 시퀀스 22의 문자 숫자가 다른 문자 R 및 A를 인코딩하기 때문에 33321이 될 수 없다. S가 3321로 부호화되면, 문자 RA는 223으로 부호화된다. 그러나 R의 코드는 2일 수 없으며 A의 코드는 다른 숫자가 해당 숫자로 시작하기 때문에 3일 수도 없다. 따라서 S에 대한 코드는 321이어야 하고 2233은 RA로 부호화한다. R의 코드는 22여야 하고 A의 코드는 33이어야 한다.

이 문제에서 설명한 암호는 어떤 문자도 다른 문자의 코드로 시작될 수 없는 속성을 가진 앞자리(문자별로 서로 다른 길이를 가질 수 있는) 부호의 예이다. 이 앞자리 부호화의 특성은 정보 디코딩에 유용하다. 단일 코드 간의 구분 기호, 앞자리 코드에 대한 한 가지 공통적인 작업은 인코딩된 메시지를 가능한 한 짧게 만드는 주어진 텍스트의 코드를 찾는 것이다. 이는 데이터 보관, 즉 모든 정보를 그대로 유지하면서 크기를 줄이는 작업에 사용될 수 있다.

핵심 주제

변환, 문자, 숫자, 코드

**정답**  A

**설명**

모든 비버를 가장 빨리 음식물 저장소로 이동시킬 수 있는 시간은 4분이다.

그림을 그래프로 생각해보면,

A번 방에서 F번 방으로 가장 빠르게 이동할 수 있는 최단경로는 2가지가 있으며, 각각 1마리가 2분 동안에 이동할 수 있다.

- A → B → F : 1마리가 2분 동안 이동 가능
- A → C → F : 1마리가 2분 동안 이동 가능

한꺼번에 더 많이(비버 2마리) 이동하지만, 3분이 걸리는 방법은 다음과 같다.

- A → B → C → F : 2마리를 3분 동안 이동 가능

비버들을 모두 이동시킬 수 있는 시간을 최소화하기 위해서는 A → B로 연결되는 터널들을 모두 사용하지 않고 일부만 사용해야 한다. 모든 비버를 이동시킬 수 있는 시간을 최소화할 수 있는 최적 방법은, 먼저 1분 동안에 3마리를 동시에 보내는 것이다(왜 그렇게 해야 하는지 쉽게 생각되지 않을 것이다.). 그리고 그다음 1분 동안에 3마리를 다시 동시에 보낸다.

그림에서 보면 B번 방을 나갈 수 있는 3개의 터널이 연결되어있는데, A에서 B로 연결되는 4개의 터널을 모두 사용해서 B번 방으로 (동시에 4마리가) 이동하게 되면, B → C, B → F로 이동하는 터널에서 병목(막히는) 현상이 나타나기 때문에 1마리의 비버가 B 방에 남아있게 된다.

다음의 표는 모든 비버가 음식물 저장소로 이동할 때까지 1분 간격으로 이동하는 상황을 보여준다. 다음 표에서는 문제에서 주어진 상황에서 모든 비버가 가장 빠르게 움직일 수 있는 가장 빠른(4분) 이동 방법 중 1가지만 보여주지만, 다른 방법들로도 가능하다. 다음의 표는 B 방에서 비버들이 기다리지 않는 방법을 보여준다.

| 상태 변화 | 각 방에 남아있는 비버들의 마릿수 (각 이동 단계 후) | | | |
|---|---|---|---|---|
| | A | B | C | F |
| 처음 상태 | 10 | 0 | 0 | 0 |
| 3마리의 비버를 A → B로 이동시킨다. (터널을 모두 사용하지 않는다.) | | | | |
| 1마리의 비버를 A → C로 이동시킨다. | | | | |
| 1분 뒤 상태 | 6 | 3 | 1 | 0 |
| 3마리의 비버를 A → B로 이동시킨다. (터널을 모두 사용하지 않는다.) | | | | |
| 1마리의 비버를 B → F로 이동시킨다. | | | | |
| 2마리의 비버를 B → C로 이동시킨다. | | | | |
| 1마리의 비버를 C → F로 이동시킨다. | | | | |
| 1마리의 비버를 A → C로 이동시킨다. | | | | |
| 2분 뒤 상태 | 2 | 3 | 3 | 2 |
| 1마리의 비버를 A → B로 이동시킨다. (가장 빠르게 이동할 방법을 선택한다.) | | | | |
| 1마리의 비버를 B → F로 이동시킨다. | | | | |
| 2마리의 비버를 B → C로 이동시킨다. | | | | |
| 1마리의 비버를 A → C로 이동시킨다. (가장 빠르게 이동할 방법을 선택한다.) | | | | |
| 3마리의 비버를 C → F로 이동시킨다. | | | | |
| 3분 뒤 상태 | 0 | 1 | 3 | 6 |
| 1마리의 비버를 B → F로 이동시킨다. | | | | |
| 3마리의 비버를 C → F로 이동시킨다. | | | | |
| 4분 뒤 상태 | 0 | 0 | 0 | 10 |

　문제에서 제시된 터널들의 연결은 그래프 이론에서의 흐름 네트워크(flow network)를 생각해 볼 수 있다. 흐름 네트워크는 방향 그래프(directed graph)로 각 정점 사이를 이동할 수 있는 간선에 용량이 제한되어있으며(각 방 사이를 이동시킬 수 있는 터널의 개수), 각 간선으로는 그만큼의 용량 이하로만 이동시킬 수 있다. 각 간선의 용량을 초과해 이동시킬 수 없다. 이 문제에서 주어진 목표는 방과 터널로 표현된 네트워크에서 최대한 많은 비버를 가장 짧은 시간 내에 음식물 저장소로 이동시키기 위해, 비버들의 이동 흐름을 최소화하는 것이다. 예를 들어, 이러한 흐름 네트워크 상황은 도로 교통망에서의 교통량 모델링에 활용될 수 있다. 이 문제에서 주어진 상황들을 해결할 수 있는 여러 가지 알고리즘이 있지만, 그중 한 가지로 포드-풀커슨(Ford-Fulkerson) 알고리즘이 있다.

　주어진 문제는 흐름 네트워크에서 최대 흐름(maximum flow)을 찾는 여러 가지 문제 중의 특별한 형태로, 다른 곳으로 이동하지 못하는 경우 B/C 번 방에서 이동하지 않고 기다리는 것이 허용된다. 일반적인 흐름 네트워크 문제에서는 이렇게 어떤 위치에서 기다릴 수 없다. 어떤 위치로 이동된 모든 것들은 즉시 가능한 다른 경로들을 통해 이동되어야 한다. 또한, 각 위치에서 이동할 수 있는 방향이 미리 정해져 있다. 이 문제에서는 터널로 연결된 양방향으로 모두 이동이 가능하다.

　그래프, 스케줄링

# 7장 102p 해설

정답

설명

우측 하단의 루시아를 시작으로 위쪽과 좌측에 배치 가능한 그림들을 배치하면서 빈칸을 채워나갈 수 있다.

문제 속의 정보과학

이 문제는 실제로 매우 복잡한 퍼즐이라고 할 수 있다. 각 비버의 그림을 배치할 수 있는 가능한 모든 경우들(문제에서의 조건을 만족시키지 못하는 경우들까지 포함해서)을 고려해 보려고 몇 개의 어떤 그림들로 시작하면 매우 많은 시간이 걸린다. 6개의 퍼즐 조각에 1개의 조각을 더 추가하면, 7개의 빈자리에 그림 조각들을 배치할 수 있는 경우의 수가 6배만큼 더 많아진다. 예를 들어 n개의 카드가 있다면, 가능한 모든 경우의 수는 (n-1)!=1*2*3*⋯*(n-2)*(n-1) 만큼 된다. 따라서 이 문제의 경우에는 모든 가능한(하지만 대부분은 문제에서 주어진 조건을 만족시키지 못하는) 방법의 수가 720가지나 된다.

하지만, 논리적으로 생각해 보면 가능하지 않은 경우들을 가지치기(잘라내기)해서, 탐색 공간을 매우 많이 줄일 수 있다. 예를 들어, 막대기를 아래쪽으로 들고 있는 비버들 그림 조각은 위쪽 줄에 배치해야 하고, 루시아 위에 배치할 수 있는 비버 그림은 딱 1가지뿐이다.

모든 가능한 경우를 모두 확인해 보는 전체 탐색 방법은 백트래킹(backtracking)이라는 방법으로 수행할 수 있다. 백트래킹으로 모든 가능한 경우를 확인할 때, 탐색 공간의 크기는 매우 커진다. 따라서 모든 가능한 경우 중에서 답이 될 수 없는 경우들에 대해서 제외하는 가지치기 방법은 매우 중요하다.

**핵심 주제**

논리적 사고, 추론

정답   A


설명

　놀랍게도 탐정 민홍이는 다음과 같은 방법으로 조사해야 할 사람들의 인원을 반복적으로 절반씩 줄여가며 범인을 찾아낼 수 있다.


　1) 다이아몬드 방에 순서대로 들어간 사람들의 번호를 1부터 2,000까지 매긴다.

　2) 탐정 민홍이는 가장 먼저 1,000번째 사람에게 다이아몬드 색을 질문한다.

　3-1) "블루 다이아몬드였다"라고 말한다면, 범인은 1,001번부터 2,000번까지의 방문자 중 하나이다.

　3-2) "그린 다이아몬드였다"라고 말한다면, 범인은 1번부터 1,000번까지의 방문자 중 하나이다. (물론 범인이 1000번일 수도 있다)

　4) 2)의 질문을 통해 범인으로 의심할 수 있는 사람의 인원수는 2000명에서 1000명으로 반으로 줄어든다. 그다음 탐정 민홍이는 범인으로 생각할 수 있는 사람 중에서 "중간 번호" 사람에게 같은 질문을 한다(즉, 1,001번부터 2,000번이었다면 그 가운데 번호인 1,500번째 사람에게 질문을 하고, 1번부터 1,000번까지였다면 500번째 사람에게 질문을 하는 것이다.).


　이런 방법으로 의심할 수 있는 인원수를 절반씩 줄여갈 수 있다. 이를 계속 반복하면, 조사해야 할 인원수를 500, 250, 125, 63, 32, 16, 8, 4, 마지막으로는 2명까지 줄일 수 있다. 그렇게 마지막에 2명이 남았다면, 번호가 더 빠른 사람에게 같은 질문을 한다. 만약 그 사람이 "그린 다이아몬드였다"고 말하면 그 사람이 범인이고, "블루 다이아몬드였다"고 말하면 그다음 사람이 범인인 것이다. 따라서 탐정 민홍이는 2,000명의 사람들 중에서 단지 11명만 조사해서 범인을 찾아낼 수 있다.

이와 같이 확실히 구분되는 요소들로 이루어진 집합의 원소를 반복적으로 절반씩 줄여가는 방법은 컴퓨터과학 분야에서 매우 자주 사용되는 기법이다. 이러한 아이디어와 관련하여 가장 많이 알려진 예시는 이진 탐색(binary search)으로, 순서대로 정렬된 리스트에서 특정 위치의 요소를 매우 빠르게 찾아낼 수 있다. 이 문제의 경우에는 푸른색→녹색의 순서로 나열된 리스트에서 첫 녹색의 위치를 찾기 위해 이진 탐색을 사용했다.

범인이 반드시 거짓말을 한다는 것은 매우 중요한 재미있는 힌트이다. 왜냐하면 범인이 "푸른색"과 "녹색"에서 어떤 색을 말하는지 모른다고 한다면, 질문만으로는 범인을 찾을 수 없게 되기 때문이다.

**핵심 주제**

이진 탐색(binary search)

정답    50분

**설명**

이 문제를 해결하는 몇 가지 최적의 해법이 있다. 이 해법들을 찾는 중요한 아이디어는 '빵 2개와 작은 피자 1개'를 순서대로 조리하는데 걸리는 시간과 '큰 피자 2개와 빵 2개를 순서대로 조리하는데 걸리는 시간'이 모두 50분으로 같다는 것에 있다. 이때, 화덕의 모든 공간과 시간을 이용하게 된다. 따라서 이보다 더 빠른 해결책은 있을 수 없다. 아래 그림은 이것을 나타낸 것이다.

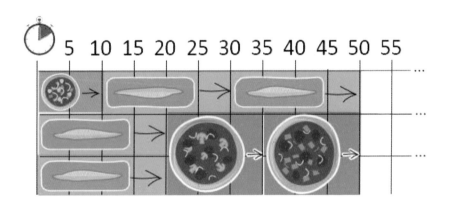

이 해법은 화덕이 항상 완전히 채워져 있기 때문에 최소 시간임을 보장한다.

**문제 속의 정보과학**

스케줄링을 할 때는 자원(여기에서는 화덕)을 최대한 활용해야 하며, 이를 통해 시간을 최소한으로 유지할 수 있다. 따라서 화덕의 가용 공간을 최대한으로 활용하여 조리 시간을 최소 시간으로 만들 수 있다.

대표적인 스케줄링 알고리즘은 라운드-로빈(RR) 알고리즘이다. 실행될 작업을 큐에 정렬하는 작업을 반복하는 방식이다. 각 작업은 프로세서 시간의 일정 부분(time slice)을 할당받으며, 이보다 더 많은 시간이 필요하면 큐의 끝으로 이동한다.

그러나 본 문제의 경우에는 이 전략(RR)이 의미가 없다. 왜냐하면 우리는 완성되지 않은 피자나 빵을 먹지 않기 때문이다. 따라서 나중에 다시 화덕에 넣어야 한다.

또 다른 전략은 크기별로 구성 요소를 정렬하고 최대 크기로 시작하는 것이다. 그런 다음 기존 공간이 다음 작은 공간으로 채워지는 식으로 진행된다. 조리 과정의 중간에 갓 구운 음식을 제거하고 구울 수 있기 때문에 오븐은 '충분히 가능한 방식'이다.

그러나 최상의 전략은 항상 화덕이 완전히 채워졌는지 확인하는 것이다. 화덕을 항상 완벽하게 채울 방법이면 최소 시간을 보장하게 된다.

### 핵심 주제

스케줄링, 큐, 자원

# ME
# MO

# 비버챌린지 공식 교재 안내

## [ 책 소개 ]
Bebras Korea가 직접 집필한 Bebras Challenge 공식 교재이다. Bebras Challenge를 완벽 대비할 수 있다.

## [ 이 책이 필요한 사람 ]
첫째, 컴퓨팅 사고력을 기르고 싶은 사람
둘째, 비버챌린지 참가자

---

◀ 비버챌린지 I

Bebras Korea 지음 / 정가 15,000원

비버챌린지 II ▶

: 비버챌린지로 배우는 소프트웨어(초등학생용)

Bebras Korea 지음 / 정가 15,000원

◀ 비버챌린지 II

: 비버챌린지로 배우는 정보과학(중학생용)

Bebras Korea 지음 / 정가 15,000원

비버챌린지 II ▶

: 비버챌린지로 배우는 정보과학(고등학생용)

Bebras Korea 지음 / 정가 15,000원

◀ 비버챌린지
2018년도 기출문제집(초등학생용)
Bebras Korea 지음 / 정가 8,000원

비버챌린지 ▶
2018년도 기출문제집(중·고등학생용)
Bebras Korea 지음 / 정가 10,000원

◀ 비버챌린지
2017년도 기출문제집(초등학교 3~4학년용)
Bebras Korea 지음 / 정가 6,000원

비버챌린지 ▶
2017년도 기출문제집(초등학교 5~6학년용)
Bebras Korea 지음 / 정가 7,000원

◀ 비버챌린지
2017년도 기출문제집(중학생용)
Bebras Korea 지음 / 정가 8,000원

비버챌린지 ▶
2017년도 기출문제집(고등학생용)
Bebras Korea 지음 / 정가 8,000원